原生家庭

如何修复关系，成为更好的自己

邱淑惠 著　江文贤 审定

北京时代华文书局

图书在版编目（CIP）数据

原生家庭：如何修复关系，成为更好的自己 / 邱淑惠著. -- 北京：北京时代华文书局, 2024.3
ISBN 978-7-5699-5353-4

Ⅰ.①原… Ⅱ.①邱… Ⅲ.①家庭关系－研究 Ⅳ.① C913.11

中国国家版本馆 CIP 数据核字 (2024) 第 019737 号

本书由城邦文化事业股份有限公司【商周出版】同意将中文简体版权授权北京时代华文书局有限公司。非经书面同意，不得以任何形式任意重制、转载。

北京市版权局著作权合同登记号　图字：01-2020-1418

Yuansheng Jiating: Ruhe Xiufu Guanxi, Chengwei Genghao de Ziji

出 版 人：陈　涛
责任编辑：周海燕
责任校对：李一之
封面设计：末末美书
内文设计：孙丽莉
责任印制：刘　银　訾　敬

出版发行：北京时代华文书局 http://www.bjsdsj.com.cn
　　　　　北京市东城区安定门外大街 138 号皇城国际大厦 A 座 8 层
　　　　　邮编：100011　电话：010-64263661　64261528

印　　刷：三河市兴博印务有限公司
开　　本：880 mm×1230 mm　1/32　　成品尺寸：145 mm×210 mm
印　　张：6.25　　　　　　　　　　　字　　数：130 千字
版　　次：2024 年 3 月第 1 版　　　　印　　次：2024 年 3 月第 1 次印刷
定　　价：58.00 元

版权所有，侵权必究
本书如有印刷、装订等质量问题，本社负责调换，电话：010-64267955。

〈审定序〉
问题不在做法，而在做法背后的想法

鲍文家庭系统理论在台运用与研究中心负责人／江文贤 博士

　　场景一：小学二年级的阿明在学校跟同学打架，情绪暴躁；场景二：父母在家庭中发生激烈口角，并扬言要离婚；场景三：父母共同面对孩子在学校的不当行为。面对这三个场景，一般人可能会说场景一的阿明需要学习情绪管理，场景二的父母需要好好沟通，场景三的父母是一对尽责的父母亲。但是，这三个看似各自独立的场景却也可能相互关联，形成一场永不停止且不断循环演出的戏码：阿明常常在家目睹父母的争执，他自然会被这些情绪张力影响，并且其持续地在他平常的生活中发酵，一旦跟同学有所摩擦，他自动地就会以发飙来释放内在的情绪压力，而当他的行为引起学校关注，学校要求父母共同来处理时，父母便会很有默契地不再为夫妻间的问题争执，反而能够共同合作来陪伴阿明走出他的情绪低谷期，直到下次父母又开始有了更强烈、更频繁的冲突……

鲍文（Murray Bowen，1913—1990）家庭系统理论就是要引导大家能够适时地从近距离的高倍率镜头（只看得到一个人的对或错）切换到远距离的低倍率镜头（看得到彼此之间的关联性），如此，对于问题解答往往就能产生更多元的切入点。这就像是篮球场上的教练，除了平时要对每个球员因材施教之外，在球赛过程中，也要能够指导球员看懂自己和其他人在球场上的角色与功能，读懂各自的变化与彼此之间的相互影响，然后发展出适合这场球赛的有力战术。反之，如果你只看到个人，而看不到个人与群体的关系，你将有可能迷失在永无止境的技术学习中，然后在挫败中继续挫败。我们每个人都活在关系中，若能看懂关系，就能更容易找到其他出路。

鲍文家庭系统理论是通过长年对家庭的研究，归纳出所有人类关系普遍存在的样貌。一旦你能够看懂这些关系样貌，你将更有机会摆脱这些关系样貌的无意识牵引，借由自己的努力，将关系提升到更为成熟的境界，如此，关系系统中本来有症状的个体，也会因为你对关系的改善而免除症状对你的困扰。

鲍文家庭系统理论近几十年来一直影响着许多家庭治疗师的思维，并且可以改变人类对于问题的单一因果看法，只可惜目前台湾能够学习这套系统思考观点的机会不多。如今邱教授愿意贡献她的专业知识，撰写这本浅显易懂的自我成长书籍，带领读者抛弃过于简化的因果线性思考，进入家庭系统思考的多元观点，从而让你发现更多处理家庭问题的可能性。

期待你可以抛开过去的想法，享受邱教授这本书带给你的大脑思考刺激。

〈推荐序〉
了解症状的意义——家庭系统的循环互动模式

台中教育大学咨询与应用心理学系副教授／罗明华

从事儿童咨询的教学与实务工作多年，经常看到家长带着症状儿童前来求助，听着家长沉痛地叙述孩子在学校种种不适应的行为，但他们却对孩子的遭遇苦无计策。从家庭系统的观点来看，当孩子出现症状时，意味着整个家庭系统失去平衡，面临崩解或破坏的危机，症状行为只是系统压力的暂时性出口。当儿童出现症状时，家庭成员一起解决危机，表面的压力暂时得以解除，直至下次失衡再度发生。因此被认定的症状儿童，往往只是家庭系统的替罪羔羊，真正问题出在家庭成员之间僵化与失序的互动上。

晓彤自这学期开学以来经常哭闹着不肯上学，一进入教室上课就出现头痛、胸闷、呕吐等不适的症状，并要老师立刻打电话给母亲，让母亲带她返家。老师进一步了解后发现，原来晓彤的父母几个月前曾因父亲的外遇事件大吵一架，母亲负气之下拿刀割腕被紧急送医。平常白天父亲外出工作，仅母亲一人在家，晓彤担心母亲可能再度想不开，因而在学校不自觉地出现惧学、焦虑的症状，认为自己如果生病留在家中，或许可以避免憾事发生。

哲明在学校经常发脾气，每当老师或同学指正他的行为时，他就大发雷霆，甚至将课桌椅都打翻。哲明在学校没有朋友，人际关系不佳。辅导老师入班观课后发现，哲明因动作较迟缓，经常因抄写通讯录或做练习题动作太慢而被老师催促或责备，有时老师会禁止他下课，留他在教室抄写。甚至好几次因分组竞赛成绩不理想，全组同学都被禁止下课，这引发了同学对哲明更多的抱怨和不满。辅导老师指出此现象后，导师了解到原来自己的求好心切带给哲明很大的压力，而班上同学长期观察导师跟哲明的互动语言，无形中也学习导师的训诫口气跟哲明说话。于是导师改变跟哲明的互动方式，当哲明跟不上时，导师会跟哲明说："没关系，慢慢来，我们等你。"有趣的是：当同学观察到导师跟哲明的互动方式改变后，同学跟哲明说话的方式也开始跟着改变，他们不再大声呵斥哲明的慢动作，反而能温和地等待哲明完成。

从系统理论的观点来看，系统中所有成员的行为都是互相影响的，正如晓彤感受到母亲即将离婚的焦虑，因而在学校出现焦虑的情绪反应；另一方面哲明何尝不是因为导师与自己的互动方式而遭受班上同学的指责、奚落甚至排挤。传统的咨询理论认为事出必有因，当出现问题时便是个体的想法、感觉或行为出了错，这种直线性的思考方式往往将问题归咎给个体，而未能将个体所处的系统环境纳入考量。正如案例中的晓彤，如果导师未能了解晓彤家里的情形，就可能认为晓彤只是耍脾气，当家长无法顺利让晓彤到校上课，导师便会指责家长亲职能力不足，无法处理晓彤日渐失控的行为；反之，家长则抱怨学校老师不能对孩子特殊的心理需求予以包容、接纳，双方稍有不慎，就容易演变成亲师冲突。

系统理论认为所有的行为都是系统成员彼此共同建构而成的，即使是症状行为亦然。如果能从系统中了解互动对彼此的影响，找出互动的模式和意义，那么或许就能改变过往僵化的互动方式，重新采用新的互动方式，就能运作出新的系统氛围。

淑惠教授以其多年的教学经验，将家庭系统理论融会贯通后，撰文并推广此理论，着实令人敬佩。她以案例故事深入浅出地介绍家庭系统理论的概念，读来浅显易懂，有趣又实用。每个章节都附有练习题，供读者在阅读后检视个人的家庭、伴侣和自我的关系。这本书非常适合对亲职、伴侣和自我成长有兴趣的人阅读，相信读者一定能在阅读本书的过程中为自己的关系做一番健康检查，学习如何在亲密的家庭关系和伴侣关系中保有健康快乐的自我。

〈推荐序〉

正视内心伤痕,不再逃避

陶玺特殊教育工作室创办人／曲智鑛

看到《原生家庭:如何修复关系,成为更好的自己》这本书时,我想起前段时间与大孩子的对话:在一次不预期的谈话中,他在我面前痛哭,眼泪怎么样也止不住,他告诉我想要远离原生家庭,因为这个家让他喘不过气,与家人的疏离与潜意识里深层的恐惧、愤怒与不谅解,促使他在工作几年后的一次冲突后,毅然决然地离开那熟悉的环境,追寻自己的人生!

生存的意义到底是什么?我认为其实活着本身就是一种意义!

这个大孩子跟我说:"过去没有什么人知道我这样的状态,虽然我们很久才见一次面,但我觉得我可以跟你说,你辅导的其他孩子有没有这样类似的经验?他们应该怎么办?老师,你有没有看过《荒野生存》(*Into the Wild*)?我觉得自己的状态跟里面的主角很像!"

在结束这段谈话后，我立刻找了这部片子来看，主角抛弃了他原本的生活，追寻自己理想的生活方式。这是一个真实的故事，描述追求自我生命意义的理想主义者努力摆脱世俗的枷锁，逃离身份，而在这个过程中他结识新的朋友，产生许多新的联系与联结，在他人生的尽头领悟"只有分享，快乐才是真的"（Happiness only real when shared）！在《荒野生存》中，主角临终时体会到快乐的真实在于分享，更准确地说应该是与人分享，与他人产生联结。如同《在云端》这部电影点出的：生命中有人同行会更好。在你生命中最重要的时刻里……你是独自一人吗？（Life is better with company. The most important moments in your life...were you alone?）对我来说，生命的意义不仅是因为活着，这个意义同时也代表我们的生命对他人是有意义的！正因为如此，我们常可能身陷亲密关系的风暴之中。

人的情绪与行为经常是自动化反应，有时候不但伤人伤己，更可能复制错误示范给下一代。万物之灵的我们其实具备选择与判断的能力，不论外在客观情况如何，我们都应该能选择更好的方式面对与化解。这跟史蒂芬·柯维主张的高效能人士的习惯"积极主动""知己解彼""双赢思维"不谋而合。本书是能引导在不同关系中拥有各种身份的你重新思考，调整思维与做法，正视内心的伤痕，修复人与人之间的关系，最终与重要的人共同成长的最佳指南！

〈自序 1〉
"症状"只是问题的表象

我在大学任教,有许多在幼儿园担任教师的在职进修学生。我们在课堂上讨论如何处理孩子的特殊状况时,他们常有无力感。老师再怎么尽力,总是无法克服家庭方面的关卡。好不容易帮助孩子适应了学校生活,一个寒暑假过后,孩子便被打回原形,所有的努力回到原点。但身为教育工作者,我们知道不该停在"咎责"上,而是要找到方法,与家长携手合作。

家长教育一直是师资专业的培训重点,但教育界总是无法在这方面使上力。我在寻找更有效的施力点时,遇到一位应用鲍文理论访谈家长的教育工作者,领悟到抱持"家长教育"的思维注定成效不彰。有时家长不是缺少教养知识,而是早在幼时就已迷失自己,不自觉地把问题延续到下一代。以系统观看孩子的"问题",会发现所谓的问题只是家庭系统失衡的"症状"。

我有幸断断续续观察四年幼教实务工作者与家长的访谈，发现应用鲍文家庭系统理论看懂夫妻关系失衡如何牵扯孩子形成三角关系后，对家长直接指出家庭的乱源，他们的反应通常是震惊的，但他们镇定后积极寻求改变，为了孩子，为了自己，家长有强烈的动机成为更好的自己。那么，我接下来的努力方向就很明确：把鲍文的家庭系统理论推广给所有的教师、家长，以及任何有意与家人和平相处的读者。

台湾已有许多家庭咨询师尝试把家庭咨询领域的专业知识推广给一般读者。坊间已有维吉尼亚·萨提亚（Virginia Satir，1916—1988）、萨尔瓦多·米纽庆（Salvador Minuchin，1921—2017）、李维榕等家庭咨询大师的作品。萨提亚分享了温暖同理的沟通技巧，米纽庆和李维榕师徒则以生动的案例让大家了解家庭结构，认识到很多家庭问题都根源于父不父、子不子，家庭角色错置。这些作品易读好懂，但少了理论依据，读起来总有见树不见林的遗憾。

这本书就是为了补足这个缺口。我试着把鲍文的理论以浅显的方式搭配案例诠释。理论让我们了解家庭运作的共通性，可以以更全面的方式了解自己的处境。本书的案例有少数是咨询大师提出的知名案例，大部分是个人观察实例的记录，这些实例都已经过大幅修改，以保护当事人隐私。读者阅读时，若觉得与自己或身旁的人、事相近，那是因为家庭问题本来就有许多共通点，相似的家庭故事一再重复上演。

我把这本书定位为"自我成长"之书。阅读此书，通过鲍文的理论，我们可以了解自己如何纠结在关系当中。家庭中的真实血泪，鲍文的理论早已清楚分类成几种典型，并阐述问题的根源。我们每个人都可以通过改变自己与家人的互动，修复家庭关系，收获内心的平静和谐。

〈自序2〉
家庭系统理论的开创者：默里·鲍文

理论是看事情的架构，让我们不至于迷失在细节的丛林中。

家庭咨询的理论与技巧，奠基于过去实务工作者在精神医学、团体治疗、儿童辅导、婚姻咨询，以及思觉失调治疗领域的努力成果。家庭咨询的创始者之一默里·鲍文，就是一位擅长治疗思觉失调疾病的精神科医生。与其他家庭咨询开创者不同的是，鲍文投注非常多的心力发展家庭咨询的理论基础。直至今日，鲍文的家庭系统理论仍是家庭咨询领域中概念最为周全的理论。

鲍文以宏观的视野，采用层层相关的系统概念，从生命演化的角度，点出人和动物的共通性：行为受本能主宰的情绪系统支配。生物对环境刺激有许多本能反应，当本能不足以应对多变的环境时，生命逐渐演化发展出感觉和理智系统，让个体在面对外在环境的挑战时，反应得以更为多元且更有弹性。这样的观点在脑神经科学研究领域也可以找到相应的证据。

人虽自诩为万物之灵，行为仍经常不自觉地受本能支配。在现代的人际互动中，只依赖本能的互动已无法满足时代需要，许多家庭问题就肇因于家庭成员过度依赖本能去处理彼此的关系。家庭系统论的核心精神，就是协助我们看清，依赖本能互动的家庭会出现哪些类型的症状；要维持理想关系，又该如何让新进演化出的感觉和理智系统发挥该有的功能。

鲍文的家庭系统理论植根于他的实务工作观察与验证。1946—1954年，鲍文于梅宁格诊所（Menninger Clinic）开始临床生涯，主要治疗对象是思觉失调患者与其母亲。当时他观察到患者与母亲无法适应现代生活的"共生关系"，也就是患者无法脱离母亲成为独立的个体，好像树上的种子迟迟无法落地发芽。

后来鲍文离开梅宁格诊所，转往美国国家心理卫生研究院（National Institute of Mental Health），于1954—1959年开创了一个创新方案，让思觉失调患者与其所有家人一起住院治疗，并观察患者与家人间的互动。借由这个观察，他拓展母子共生的概念，纳入父亲的角色，提出"三角关系"概念。也就是当两人有冲突时，常拉进第三者，以转移两人的冲突。父母有冲突，常由思觉失调患者扮演转移父母冲突的第三者，而这些家庭成员彼此间的互动反应经常是不自觉的。

鲍文离开美国国家心理卫生研究院后,转入乔治城大学医学院担任精神医学教授,主持自己创立的家庭咨询专业训练,并持续发展修正他的家庭系统论,一直到1990年因肺癌过世。其间,他还担任美国家庭治疗协会(American Family Therapy Association)的第一任主席。鲍文的研究兴趣一直是人的互动,注意家庭系统失衡如何让系统内的成员发病,以及发病前的细微症状,而非忽略相互关联的变因,采取头痛医头的治疗方式。他的系统观强调人的生理、情绪和人际是相互关联的,认为只看单一面向的医学终究只能走向死胡同。

目录

第一章
家庭系统——着重互动关系

1 思考关系的新视野 002
2 在"关系"中,一切都是"相互的" 009
3 我们是自己的主人? 017

第二章
伴侣关系——在自我与我们当中求平衡

4 "自我"与"我们"的拉扯 026
5 亲爱的,我们变了 034
6 "我们"是如何搞砸的? 041

第三章
自我分化——在关系中强调情绪界限

7　自我分化　　　　　　　　　　　　　　　050
8　自我分化的不同样貌　　　　　　　　　059

第四章
互动系统——三角关系

9　三角关系　　　　　　　　　　　　　　070
10　你被"三角化"了吗？　　　　　　　　078
11　如何保持情绪中立？　　　　　　　　　086

第五章
跨代传递——原生家庭的影响

12　家庭中的手足角色　　　　　　　　　　096
13　手足角色与家庭关系　　　　　　　　　105
14　慢性焦虑　　　　　　　　　　　　　　113

第六章
焦虑蔓延——典型症状

15 "症状"是焦虑的出口	122
16 一段关系的结束	130
17 失去自我的家人	142

第七章
迈向理想关系——自我分化的提升

18 成为更好的自己	152
19 分析互动模式	160
20 修复家庭关系	169

〈结语〉爱的极致表现　　　　　　　　　　177

主要参考文献　　　　　　　　　　　　　180

第一章

家庭系统
——着重互动关系

在"关系"中,一切都是"相互"的。互动模式改变,关系也会跟着改变。每个人都会习得一些不自觉的惯性反应,要成为自己真正的主人,必须将惯性反应提升至意识层面。

1 思考关系的新视野

近五十岁的静芳是乳腺癌末期患者,一生郁闷,思及生命将到尽头,心里久藏的芥蒂,还是想说明白。她是家里的老三,上有大姐、哥哥,下有一个小弟。父亲在她念中学时突然中风过世,家道中落,母亲担负起养家的责任。

静芳自觉从小受到母亲忽略,母亲把心力都花在大姐以及家里的两个兄弟身上,对她小气,舍不得给她零用钱;她想读私立高中,母亲也嫌贵,最后只让她读家附近的高等职业教育(以下简称"高职")学校;高职毕业后,她也只能就近读科技大学。眼见大姐到国外读完博士当上教授,她认为自己的成就不如大姐,都是因为学历不够高。

在生命的末期,她跟母亲提及她受忽略的委屈,想求得和解与心灵平静。母亲听到后,深感意外,澄清:"事情不是这样啊!……当时家里经济状况不好,你没考上公立高中,还是让你去读了私立高职和私立大学啊！……我尽力让你不需要担心家里的经济状况。……大姐也是读高职啊！她是半工半读，毕业后用自己工作存的钱出国的啊！"

面对母亲的否认，静芳再次觉得受伤，心想："我没有想要什么，难道你不能单纯地道歉？"

双方认知有差异，到底真相为何？

个人心理咨询的角度

在家庭咨询出现之前，心理咨询师认为重要的不是发生什么事，而是这个人怎么看待发生的事。重点不是寻找真相，而是改变看法。一个人如何看世界，世界就以他预期的方式回应他。

一个人有意识或无意识地"选择"特定角度诠释经验，人生经验就朝向他期许的方向实现，也就是心理学称的"自我实现预言"。例如：小孩认为母亲对自己很冷淡，就会以这种心态诠释母亲对自己的所作所为，母亲接收小孩不友善的回应，长此以往，也会试着保持距离，最终成就小孩所认定的冷淡。心理咨询辅导的重点会放在协助个人面对自己的想法、内心的恐惧，以建立更完整的自我。

现代心理咨询虽然着重于个人内在的心理，但20世纪最有影响力的心理咨询学派，不论是弗洛伊德（Sigmund Freud,

1856—1939）的"精神分析治疗",还是罗杰斯（Carl Ransom Rogers, 1902—1987）的"以案主为中心治疗",也都不否认个人的心理问题经常是源于人际互动不良,他们了解家庭的重要性,明白家庭塑造人格。

然而,个人心理咨询关心的不是现实生活的家庭,而是个案记忆中那个"主观认定"的家庭。因此,针对个人的心理咨询,会认为在咨询过程中家人的存在是没有必要的,甚至可能干扰病患抒发想法。

以静芳的案例而言,家人如何对待静芳,不是个人心理咨询师关心的重点,重要的是,静芳如何看待她的家庭,她的人格如何受家庭影响,心理咨询师又该如何协助她了解自己真实的感受,并找出自己可以有的作为。个人心理咨询师会以同理的态度聆听静芳的故事,以温暖、尊重、接纳,打开静芳的心房,协助静芳探触内心的情感。静芳应该也是在探索自己的内心后,才鼓起勇气与母亲恳谈的。

家庭咨询的角度

家庭咨询重视个人生活的外在环境,尤其是"家庭"。家庭咨询认为家庭成员的想法、行为、情绪相互影响,个人有问题通常意味着家庭互动有问题。家庭咨询的目标是改变家庭成员的互动方式。家庭成员都愿意改变，家庭进展才能顺利。

20世纪50年代，美国许多社会工作者开始觉知，必须以整体概念看家庭。20世纪七八十年代，家庭咨询开始在美国兴盛，不只是因为它有效，也是因为心理咨询领域再一次发现，要了解一个人，必须考量他所处的环境。我们从自身的经验也可以发现这个简单的道理：我们在家庭与工作场域的行为截然不同，那是因为在家庭或工作场域，他人与自己的互动方式不同，我们的回应模式自然不同。

以静芳的例子而言，家庭咨询师会借着与家庭成员一起晤谈的过程，引导家庭成员思考自己对其他成员的回应内容与方式，协助家庭成员看清其间的相互影响。妈妈好意不让静芳担心家庭经济所采用的方式，静芳是不是有不同的解读？静芳感觉不公平，所以采取了什么行动？母亲在身心俱疲时，面对当时叛逆的静芳，是如何回应的？A导致B，B造成C，C又引发D。家庭互动是一个连锁反应。

家庭咨询的重点，不是将责任从一方推至另外一方，而是帮助家庭成员学习看清互动间的相互性，摆脱怪罪某人的心态，让每一个成员看到自己可以掌控与负责的部分。如果静芳认为问题在于母亲偏袒其他手足（手足：指家庭中的兄弟姐妹），那么静芳除了期待母亲的改变与道歉，别无他法。相对地，就算静芳努力改变自己的心态，企图重新开始与母亲好好相处，如果母亲无法改变自己的回应方式，静芳的改变也很难持久。

表 1 个人心理咨询与家庭咨询的比较

	个人心理咨询	家庭咨询
咨询重点	• 改变个人的看法 • 能面对个人内心的恐惧 • 可以建立完整的自我	• 改变家庭成员的互动方式 • 了解关系的相互性，承担个人责任 • 除了建立完整的自我，还能与家人设定适当的情绪界限，冷静平和地互动
咨询方式	• 针对个人咨询 • 家人不须参与	• 依需要，有时针对个人，有时重要家庭成员一起参与咨询
适用时机	• 成年后突发的心理问题 • 家庭僵化无法改变	• 未成年人，与家庭关系紧密者 • 关系问题（婆媳、夫妻、亲子关系）

个人心理咨询和家庭咨询两种思考问题的观点都有其价值，要看面对的是什么问题。

有些问题可能比较适合采用个人心理咨询的思考角度，例如：三十几岁离家很久的人，过去心里很稳定，最近突然忧郁起来，先从个人心理咨询的角度检视他当前的生活遭遇，可能比较契合。又或者家庭环境过于僵化，过去努力想改变也只是徒劳，采用个人心理咨询的观点思考问题或许比较可行。

有些问题比较适合采用家庭咨询的观点处理。例如：小孩的情绪问题。如果是家庭氛围导致孩子情绪失控，不管咨询师如何协助小孩，孩子的生活环境如果不变，则效果有限。另外，婚姻问题、婆媳不和、家庭个别成员因家庭面临重大改变（如：亲人过世、退休或小孩离家）而出现情绪低落、失控等身心失调症状，则更适合采用家庭咨询观点，协助家庭成员看清自己置身在关系网络中，如何与他人相互牵动。

自我检视

- 为了提升应用家庭系统理论的能力,请以你和他人实际的冲突为例,写出互动始末。例如:对方做了什么?你的回应是什么?对方接收到你的回应后,又如何回应?你又是如何回应对方的回应的?请一步一步写下来。

- 想一想:你的反应是不是很制式化?如果重来一次,你可以如何反应?

---

② 在"关系"中,一切都是"相互的"

鲍文的家庭系统理论,到底在说些什么?

简单地说,就是面对家庭问题时,不再只看出现的症状,而是从整体来看家庭中的互动,这样才能真正了解问题的根源,了解后,改变才可能发生。

"A 造成 B"的思考方式,通常只是咎责

令人头痛的少年圣凯是家庭咨询中的典型案例。他叛逆,人缘不好,总有一肚子气,遇到事情习惯性地为反对而反对,事情不如他意他就大发脾气,同学、家长、老师都拿他没辙。以线性关系思考,可能会去找是什么事件让他脾气失控(事件—失控),

或推测他是缺乏社交技巧所以容易失控（缺乏技巧—失控），或归咎父母不会教孩子（教养失当—失控），或者试着找出学校环境有哪些因子诱发少年的脱序行为（因子—失控）。前述都属于"A 造成 B"的直线型思考方式。利用这种思考方式所得的结论，尝试改变圣凯的行为，通常没有太大效果。

家庭系统理论，则是想找出问题的根源。它会探究圣凯的家庭互动模式：圣凯的父母、手足之间如何互动？圣凯的父母以前在各自的原生家庭是如何成长的？因为父母本身与其原生家庭的互动模式，会造就他们的惯性反应，他们会本能地复制这些反应，不自觉地将其运用在自己新成立的家庭中，与伴侣、孩子互动，形成新的互动模式，也让圣凯不自觉地习得某些惯性反应。

所以，问题的根源不能只从圣凯身上找，也不能只看教养技巧或学校环境。问题的根源可能在圣凯的家庭环境上：家庭互动系统不成熟，让孩子形成不良的互动方式。

找出问题源头

以家庭系统理论探究圣凯父母在原生家庭的惯性反应，或许可以进一步发现问题的源头。

圣凯爸的成长经验： 圣凯爸的父亲早逝。圣凯爸和他的姐姐由母亲抚养长大，照顾两个孩子是母亲的生活重心。这个母亲特别挑剔，对孩子管束严格，限制孩子外出交友的活动。圣凯爸的姐姐是乖乖女，没有摆脱母亲的掌控，长大后也一直保持单身，并跟母亲同住。圣凯爸则早在青春期就无法忍受母亲的专制，下定决心有机会就远离母亲，大学时终于能离家，摆脱母亲的管控。

圣凯爸与其专制母亲的互动惯性就是抗拒干涉。这种未经思考的反抗情绪，是"自我分化"程度低的特征。"自我分化"是指一个孩子出生后，在渐渐脱离对他人的依赖，并成为一个独立个体的过程中，能学会辨认自己的情绪，能做出理智判断，且能不受制于自己或他人的情绪。就像小豹离乳、离群，成为独立的成豹一样。自我分化程度高的人，能理性应对旁人的干涉，而不是一味情绪性地反抗。这个自我分化的概念，是家庭系统理论的核心概念之一，在后面的章节会深入介绍。

与母亲未成功分化的圣凯爸，因而对别人的批评及控制不自觉地过度敏感。

圣凯妈的成长经验：圣凯妈的原生家庭，关系紧密，她和四个姐姐感情深厚。她大学毕业后想继续念研究生，但是父母认为女孩不该念这么多书，希望她及早成为人妻人母。圣凯妈为此和父母发生激烈冲突。执意离家进入研究所后，她从此未与父母恢复感情。圣凯妈保留了在原生家庭中养成的惯性，希望婚姻关系能让她重拾以往与家人的亲密关系。她对维持亲密关系的渴望，也是自我分化程度低的特征。

圣凯父母的互动关系：圣凯的爸妈都和家人断绝关系，他们的朋友也很少，二人经过短暂热恋后就结婚。婚后二人的蜜月期没有维持多久。圣凯爸妈各自从原生家庭学得的互动惯性，让两人不时起冲突。

带着在原生家庭中习得的惯性反应，圣凯妈很自然地期望与圣凯爸亲近，能与圣凯爸有共同的休闲活动，一起做些什么。但每次她提议共同活动，圣凯爸就习惯性地生气、厌烦，觉得她干涉他的个人自由。经过一段时间的冲突，两人取得一种平衡。圣凯爸将重心放在工作上，圣凯妈被迫与圣凯爸保持距离。一年后圣凯出生，家庭互动关系产生新的变化。

夫妻俩都很高兴有了小孩，但高兴的重点不同：圣凯爸开心家庭多了一个新成员；圣凯妈则因终于有对象可以实现自己想要的亲密关系而开心。小宝宝成了圣凯妈的生命重心。在圣凯的襁褓阶段，圣凯妈给他以温暖、关爱，并尽力满足他的需求。每当圣凯爸想要帮忙照顾宝宝时，圣凯妈便忍不住在一旁指导，生怕他做错什么。这样的干涉让圣凯爸非常生气。多次为此争吵后，圣凯爸就退出照顾行列，让圣凯妈全权负责。

这三人组成的家庭，虽不理想，但也逐渐达成一种新的平衡。圣凯爸虽然和妻儿关系疏远，但他有自己的工作；圣凯妈虽然和先生疏远，不过她有心爱的儿子。

圣凯的成长：圣凯开始会走路、说话后，和一般孩子没两样，到处探索试验，看到东西就拿，不顺心就吵闹或放声大哭。圣凯妈无法忍受小孩哭闹，经常妥协，只求哭闹停止，无法让孩子遵守她自己订立的规矩。圣凯渐渐养成惯性反应，得不到想要的，就闹脾气。

圣凯上学后，问题开始一一出现。一向任意而为的圣凯，无法与同学好好相处，他的坏脾气让同学和老师都不喜欢他。圣凯交不到朋友，面对老师的要求，他则出现和圣凯爸一样的反抗情绪。当老师试着与圣凯妈讨论孩子的问题时，圣凯妈就认为这些人不懂如何与她的孩子相处。圣凯在小学阶段一直无法与他人和谐相处，与母亲则维持着一种极为紧密的关系。

圣凯进入青春期后，危机开始显现，仿佛圣凯爸的故事重演。圣凯也想往外跑，拓展家庭外的生活圈，只不过圣凯比他的爸爸更缺乏与母亲分离的能力，圣凯妈也不愿放手，这对母子非常在意彼此，但冲突不断，争吵成了彼此的生活重心。

运用循环型的思考方式，承担自己的责任

从家庭系统理论来看，圣凯的叛逆、难相处和坏脾气只是家庭问题的一个症状。真正的问题不只在圣凯、圣凯妈或圣凯爸，也存在于他们三人间的互动模式上。

互动模式是一种连锁反应：圣凯妈的需要亲近，引发了圣凯爸的反抗掌控，导致夫妻的对立与疏离，于是圣凯妈转而将重心放在儿子身上，与先生更加疏离，与儿子过于紧密，儿子也习得反叛。家庭中每个成员的反应，促成这一连串的后续反应，就像多米诺骨牌效应般一个接一个，每个成员都在制造问题。

家庭系统理论不采用直线型的思考方式，如过于简化地归咎为圣凯妈的教养方式造成圣凯人际关系不佳，而是采用循环型的思考方式，强调人际互动的相互性。归咎为圣凯妈的教养方式的时候，是不是也该思索是什么原因让她把生命重心放在儿子的一举一动上？把问题归咎于某人，就等于把责任推到别人身上，忽视自己应该承担的部分。

家庭系统理论也告诉我们，每个人都从原生家庭习得一些不自觉的反应模式。圣凯爸不自觉地反抗掌控，圣凯妈没察觉自己渴望亲近，圣凯则在这个三人家庭中习得父亲的反叛与母亲的依赖。圣凯未来成家之后，也会把这种惯性反应带到他的新家

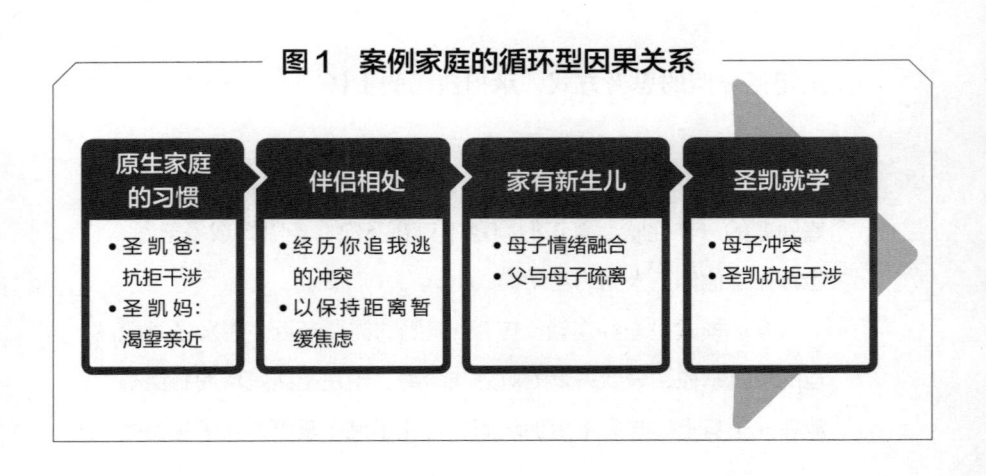

图 1　案例家庭的循环型因果关系

原生家庭的习惯	伴侣相处	家有新生儿	圣凯就学
• 圣凯爸：抗拒干涉 • 圣凯妈：渴望亲近	• 经历你追我逃的冲突 • 以保持距离暂缓焦虑	• 母子情绪融合 • 父与母子疏离	• 母子冲突 • 圣凯抗拒干涉

庭中，这样去对待他的伴侣与孩子。如此一来，上一代的互动模式复制到下一代，鲍文称之为跨世代传递（multigenerational transmission process）。

根据鲍文的理论，如果圣凯一家三口可以看清自家的互动模式，并且有意愿改变，那么他们每个人都可以中断不好的互动模式，承担自己的责任。圣凯爸可以过滤自己过于敏感的反抗情绪，圣凯妈可以把焦点移回自己身上，学习独立与放手，圣凯可以学习理性争取自己的自主。

家庭系统理论提供了一种新的思考方式，让我们摆脱过于简化的直线型思考，以循环的角度，把孩子的脱序、夫妻的冲突，甚至配偶的身心疾病，视为一种症状，依循专家提出的脉络架构，分析自己家庭的互动模式，将不自觉提升至意识层次，找出人际关系的相互性，由自己开始，寻求改变。

自我检视

- 思考与家人发生冲突时,哪些反应是你的惯性反应?如果想不出来,请问一问家人。

③ 我们是自己的主人？

有太多的身体反应是我们无法掌控的：紧张时的心跳加快，激动时的面红耳赤，说谎时的眼神飘移，不安时的双臂环抱。很多时候无法控制身体反应是必要的，每天面对外界挑战，如果所有的反应都要靠意识去控制，真是忙不完。尤其是生理运作，大部分都是自动化的。比较令人惊讶的是，人的行为也有很多自动化反应，就像飞机航行，机长设定目的地后，飞机大多时候是处于自动导航状态的。

生活中有太多的不自觉

人的行为反应像飞机与船舶航行，也有自动导航模式。

在人的自动导航模式中，有些是受本能驱动的，像觅食、求爱、繁殖下一代、助人以及与人竞争，这些都是本能。很多动物也具有这些本能，差别在于动物不会用语言修饰它们的本能，而人会赋予这些本能种种理由，例如因爱而有性、为理想而奋斗、性善而助人。其实无论有没有这些理由，人都会做这些事。

在自动化反应中，有些是个人自觉地、刻意练习而得的，如学游泳。不论教练怎么说，还是得自己把头埋入水里，一次又一次练习，直到下水后身体自动执行这些动作。学开车也一样，刚开始总要战战兢兢，达到自动化后，甚至忘了自己是在开车。有人甚至去超市买个东西，也会自动化地把车开到上班路线。

人的自动导航模式，更多的是受本能驱动后，通过经验不知不觉学来的。例如：与伴侣的互动，对孩子的态度，与他人意见相左时的情绪反应，等等，这些通常不是通过师长、父母的"口说"学会，而是孩子通过观察、模仿、反复练习而得的自动化反应。幼儿园的小孩在玩扮演游戏时，指挥另一个小孩"你是爸爸，你要坐在那，等我叫你你才过来吃饭"，这上演的就是他的所见所闻。

家庭中的自动化行为，很多是在潜移默化中习得的

以千卉为例，千卉婚后住在娘家附近，娘家还有两个妹妹，她是家里的老大。千卉的爸妈时常吵架，通常是爸爸先为一些琐事发脾气，接着是妈妈生气回嘴。于是爸爸更生气地扬言要打死

妈妈。冲突升级后，妹妹打电话给千卉，千卉奔回娘家叨念二老的不是，二老停战。过一阵子，争战再起，千卉再次接到妹妹的来电……

千卉小的时候，爸妈第一次在小孩面前吵架，千卉也是手足无措，不知如何是好。身为大姐的她做了一些尝试，有些没用，有些有用，有用的就下次接着用。就这样，很多反应固定下来，她成了爸妈的"调停者"。

家庭中出现几次重复的互动方式后，家庭成员的预期心理会让这种重复固定下来，成为互动惯性。

在爸妈吵架时，两个妹妹会期待大姐出面调停，甚至千卉的爸妈也不自觉地如此预期。一旦模式固定下来，家庭成员会逐渐放弃思考其他可用的行为选项。家庭问题常起因于僵化的行为反应。在固定模式中，大家分配各自的角色，且以一种可预测的方式处理事情，由最初的"谁该去……"变成"千卉要去……"，再变成"千卉应该要去……"。这个模式一旦根深蒂固，就会被视为必然，家庭中的成员面对爸妈争吵，不再做其他考量。甚至千卉结婚离家后，家庭成员的互动模式仍然不变。

情绪系统、感觉系统、理智系统

自动导航模式，可与鲍文提出的情绪系统相对应。鲍文从临床经验归纳出对人影响深远的三个系统：情绪系统、感觉系统、理智系统。

情绪系统是负责维持物种存续、产生本能反应的系统。飞蛾扑火、虎头蜂叮人等生物的本能反应隶属于情绪系统。如果以家庭为单位来思考，家庭也有自己的情绪系统。千卉的家人，不自觉地扮演固定的角色，爸爸扮演冲突的发起者、妈妈扮演冲突的扩大者、妹妹们扮演求助者、千卉则扮演调停者，这是这个家庭情绪系统中的一种样貌。这种日复一日不自觉的家庭互动模式和隐含其中的情绪氛围，就是家庭情绪系统。

感觉系统，是情绪系统表层可以意识到的部分，如人可以察觉自己罪恶、羞耻、生气、焦虑、嫉妒、同情、快乐等感觉意识。感觉对人有深远的影响，在探究人的行为反应时，很多感觉需要经过努力辨认，才能由情绪系统中的不自觉努力提升到可以意识到的层面。例如：询问千卉面对父母争吵时她的感觉如何，她需要努力回想，才能告诉你，第一次见到父母争吵时，她是恐惧的、茫然的；时间久了之后，她有无奈感和愤怒感。请她试着放弃扮演调停者，她意识到的感觉是惊讶的、不可置信的。但她可能还无法意识到，调停者这个角色也带给她"被需要"的感觉。她没有想到，当父母可以自己解决纷争，不再需要她调停之后，她竟然有深深的失落感。

理智系统是人进行抽象思考的系统。鲍文认为，让人有别于其他动物的就是理智系统。理智系统受情绪和感觉左右时，理智容易成为个人主观意识,让人看待事情有好恶之分。人的许多信念、价值观就是受情绪和感觉影响而带有主观意识。例如:这个社会对"多元成家"的态度,极度赞成或极度反对的双方,背后都受情绪系统和感觉系统的影响。

当个人的理智系统能有意识地克制情绪和感觉的影响时,才能展现真正的理性,以逻辑推理洞悉自己和他人行为反应的后续影响,做出恰当的回应。千卉小时候面对父母的争吵,前几次应该也曾运用理智系统判断,才会决定介入父母的争执。但事情重复多次被视为必然之后,理智系统好像处于休眠状态,改由情绪系统自动导航,家庭成员的一方不自觉地回应或不自觉地期待另一方该如何回应。家庭成员共同塑造了这种不自觉的互动模式。唤醒理智系统,能让千卉有机会看出问题所在,改变不自觉的惯性反应。

唤醒理智系统

情绪系统让我们的反应迅速实施;感觉系统让我们有方向;理智系统让我们超脱本能。从演化上来说,情绪系统是最早出现的,是人和动物都有的本能,通常处于下意识的层面。感觉系统和理智系统属于意识可以处理的层面。情绪系统、感觉系统和理智系统没有优劣之分,相互影响,各司其职。人对讯息的反应也经常同时涉及这三个系统，例如：被父母斥责，小孩可能会本能地退缩（情绪反应，动物也会），觉得害怕（高等动物才有的感觉），认为父母不爱他（主观判断）。

个人的行为很多时候是处于自动导航下、受情绪系统支配的，此时个人的行为反应是重复、可预期的。一个人要成为自己真正的主人，需要努力将情绪系统中不自觉的惯性提升到可意识的层面，精确地觉察自己的感觉和理智，并在两者间取得平衡，如此才能了解自己、掌控自己。

家庭系统论视家庭为一个情绪单位，每个成员相互影响。因此，如果某个家庭成员出现症状，除了要了解那个成员，了解其他成员如何与他互动也同样重要。但家庭成员的互动过程复杂，很难抽丝剥茧看出其中的固定模式。千卉扮演了数十年的调停者，也没看懂其家庭纷争的惯性模式。首先，是因为个人常被家庭成员所说所为的许多琐事淹没，无法理出头绪；其次，个人常以主观的角度诠释别人的行为，难以看清事实。能以局外人的观点，不受情绪和感觉左右，客观分析家庭成员的互动，是了解家庭互动系统的关键。

鲍文是少数能从家庭互动理出通则的智者。他的理论着重于描述互动关系中可观察到的事实，包括关系中发生了什么事、如何发生的、何时发生的，以及发生的情境。这些可观察到的事实，一而再，再而三地在不同家庭中重复上演，甚少例外，因而可以归纳成理论，用来预测关系间的互动模式。至于为什么会这样，

图2　情绪系统、感觉系统、理智系统

意识 ↑

理智系统
- 在演化上较晚出现
- 意识层面
- 可决定是否要受感觉、情绪影响

例如：主观上认为被父母斥责代表父母不爱我
客观上能思考被父母斥责的原因

感觉系统
- 在演化上比情绪系统晚出现
- 可以提升到意识层面
- 表现方式受经验影响

例如：被父母斥责会感到害怕

情绪系统
- 在演化上较早出现
- 不在意识层面
- 自动化

例如：被父母斥责会退缩

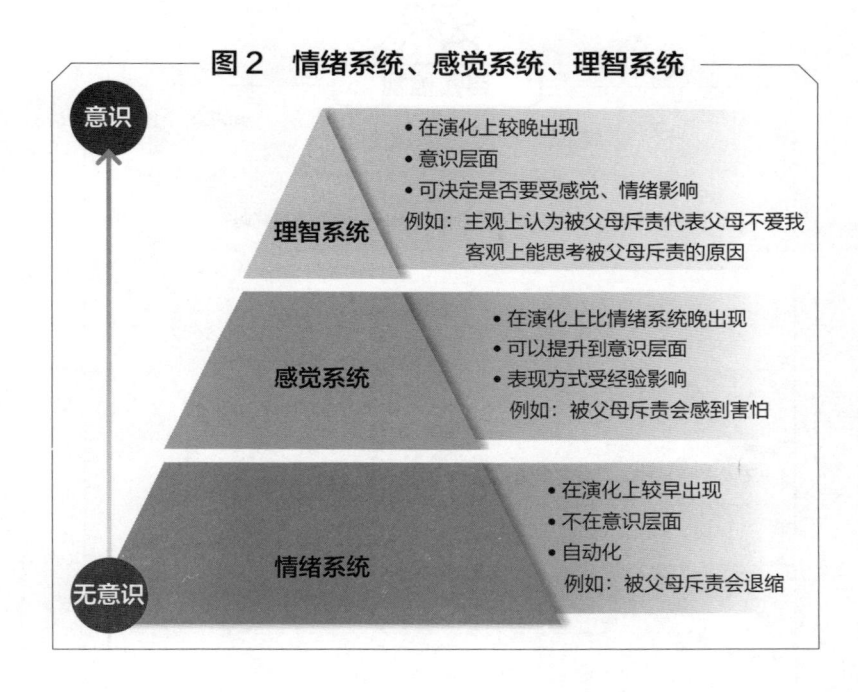

无意识

属于动机的问题，因为涉及主观诠释很难验证，是家庭系统论尽量避免谈论的议题。

每个人的家庭或多或少都有些问题，每个人都曾经感受到家人带给自己的压力，或在无意间施予家人压力。借助家庭系统理论，个人可以试着分析自己的家庭互动系统，找出困扰自己的互动模式，试着打破惯性，在僵化的反应模式中加入新的互动选项，试着建立更适宜的互动形态。

自我检视

- 试着回想家中重复发生的冲突，你能看出其中的互动模式吗？

- 在你的陈述中，哪些是情绪？

- 在你的陈述中，哪些是感觉？

- 在你的陈述中，哪些是冲突参与者的主观判断？

第二章

伴侣关系
——在自我与我们当中求平衡

人的一生受两股力量拉扯：一股力量，让人想成为独立的"自我"，另一股力量，则是让人寻求归属和认同，想与他人联结成为"我们"。在现实生活中，这两股力量经常剑拔弩张。

4 "自我"与"我们"的拉扯

她希望下班回家,两人能一起喝杯茶,谈谈今天过得如何;他想坐下来,好好看新闻。她想假日两人去户外走走;难得放假,他想跟朋友去打打球。

他觉得生活重心应该放在事业上;她注重家庭生活,工作只是生命的一部分。

他不是不想跟她相处,他只是希望在婚姻生活中,仍有各自的朋友,能保有自己喜欢的活动;她不是无法忍受一个人独处,只是希望两人能有共同的兴趣、共同的朋友。

双方有各自的期待。对两人相处,双方放的比重不同。如何取得平衡?

人在关系当中,一生都受两种力量拉扯:一股力量,让人想成为独立的"自我"(individuality force),做自己的主人;另一股力量,则是让人想要与他人联结成为"我们"(togetherness force），寻求归属和认同。从理想上来说，这两股力量可以不必有冲突，或者这两股力量的拉扯可以找到一个平衡点。在现实中，这两股力量却经常剑拔弩张。

在生命的不同阶段，成为"自我"或"我们"的这两股力量的展现，有不同的样貌。"自我"与"我们"的拉扯，不只是在伴侣之间才有。原生家庭如何支持"自我"的成长，形塑"我们"之间的应对，也会影响个人与伴侣的相处方式。

"自我"的成长

孩子在不同年龄，对"自我"的追寻和"我们"的需求有着不同的比重。刚出生的婴儿，还没有"自我"的意识，完全仰赖他人照顾，主要照顾者通常是婴儿的母亲。此时，母亲与婴儿虽然是两个个体，但"我们"的情绪是融合的，双方的情绪都受对方牵动。母亲的情绪受婴儿的哭闹、嬉笑和生活作息影响。母亲的情绪也影响婴儿的情绪系统，包括婴儿的血压、心跳和身体中压力激素的浓度。母亲的忧郁情绪，甚至能影响婴儿的大脑发育，让孩子胆怯、退缩、被动。此时的婴儿主要受情绪系统支配，感觉系统与理智系统仍在萌发当中。

受到良好照顾的幼儿，开始会坚持自己的想法，当"我的""我要"等出现在两岁幼儿口中时，则显现出幼儿对成为一个独立"自我"的渴望。虽然如此,两岁幼儿对母亲的情绪依附仍然强烈。两岁幼儿被送到托儿所看不到母亲,情绪失控不能自已,母亲在一旁偷偷担心不忍离开,就是一种情绪融合的展现。二至六岁的学龄前幼儿,感觉系统迅速成长,需要成人协助了解与辨认自己和他人的感觉,例如:姐姐生日有礼物,我也很想要她的礼物,我不高兴的感觉原来叫作"嫉妒"。

儿童时期,孩子需要父母的指引及控制,学习"感觉"与"理智"的权衡,学习遵守社会规范。例如:父母不满足我的需求(感觉),不代表不爱我(理智规范)。青少年时期,孩子需要的则是学习做一个独立自主及负责的"自我",以及学习在家庭之外如何适当与他人建立"我们"的联结,练习在"感觉"与"理智"之间取得平衡。例如:面对朋友的勉强,可以选择顺从(感觉)或适当地拒绝(理智),并为自己的决定负责。

从理想上来说,如果家庭能支持个人的"自我"发展,个人的自我就能由婴儿时期的完全受情绪主宰,发展到幼儿时期的辨认感觉,再发展到儿童时期的萌发理智,至青年期逐渐成长为不受情绪、感觉主宰的自我。这个理想过程能否顺利进行,取决于原生家庭的互动——能否适时放手,在适当时期给予该时期所需的支持。

如果父母能渐渐放手,给孩子追寻"自我"的成长空间,一个青年应该有能力为自己做主,能觉察自己的感觉与理智,并能在与他人相处的"我们"之间学会有时适当妥协、有时坚持自我，拥有和谐舒适的人际关系。在这样的理想状况中，个人在追寻"自我"和"我们"的两股力量当中，可以很容易找到平衡点。

家庭中常见的问题是，父母与孩子的情绪联结过于紧密，父母无法随着孩子的成长而逐渐放手，于是阻碍了孩子发展成独立自主的个体。在孩子年幼时，这种状况运行还不成问题，就如圣凯和圣凯妈的情绪融合，圣凯妈将圣凯视为生命重心，以满足自己对亲密关系的渴望，对年幼的圣凯照顾周全，圣凯也习惯依赖母亲。但随着孩子年纪渐长，这样相互依赖的情绪，容易使孩子养成受情绪掌控的习惯，当孩子在生活中任性肆意而为时，情绪化的父母也很难适当管教。父母与孩子之间的互动都受情绪掌控。等孩子进入学校，情绪化的反应无法符合社会期待，孩子很难适应学校生活。

父母无法随着孩子成长而松绑与孩子的情绪联结，强加自己的期许在孩子身上，也会让孩子产生抗拒，将双方推往彼此厌恶又互相依赖的方向。例如：圣凯妈无法放手，限制圣凯在外交友；圣凯情绪性地拒绝母亲干涉，与母亲冲突不断，却又相当在乎母亲对他的态度。这样纠缠，父母无法尊重孩子的感觉和想法，自然也无法帮助孩子学习尊重自己和他人的感觉与想法，同样也无法让孩子发展出能理性思考的自我。

"自我"和"我们"的平衡

一个自我分化程度高的人,能在追寻"自我"和"我们"的两股力量当中取得平衡,不仅有独立自主的"自我",也有能力与他人形成相互尊重的"我们"关系。

脱离原生家庭,与伴侣形成新的"我们"关系,自我分化程度低的人会投入过多的生命比重在"我们"的关系中。这样的人没有太多自主能力,行为容易受情绪、感觉主宰。他们极度需

图3 "自我"与"我们"的平衡

自我	我们
觉知: 自己的感觉与理智	**归属:** 与他人保持情绪联结
自主: 能在理智与感觉之间取得平衡	**认同:** 认同他人以及获得他人认同

自我分化高的人,能在两者间取得平衡,不仅有独立自主的"自我",且能有相互尊重的"我们"关系。

要被爱、被接受、被引导或被拯救,对另一半发出的讯息很敏感,情绪被对方的言行挑起后,波动剧烈,不易平复。他们的注意力都用来观察另一半:"他现在在做什么?""他为什么没回我电话?他对我为什么不够好?""他是不是有二心?""他为什么让我忍受这种痛苦?""我们"的关系对这种人而言是情绪牢笼,左右他们的生命。

自我分化程度中等的人,在没有找到伴侣时,常感到生命空虚、不完整。这种人一旦找到伴侣,生命立刻以"我们"的关系为重,在关系中找寻自己的定位和价值。他们找到另一半后可以不再彷徨,如果能获得另一半的肯定与支持,例如:"他觉得我对……很有天分",他们就更有信心发展自己的潜能,但发展有限,因为他们经常需要回头,在关系中寻找支持。

自我分化程度高的人,能独立自主,他们对伴侣的渴望不在于寻求肯定,而是找寻志趣相投的同伴。没有伴侣时,他们拥有完整的自己,而不觉得空虚。有了伴侣之后,他们的情绪、感觉和理智不会依附在关系上。即使伴侣对他们有不同的期许,他们也可以跳脱本能反应,客观分析自己的情绪、感觉和理智后回应对方,维持个人的自主。这种自主和自私不同,自主是考量共同利益后,做出对彼此都好的选择。

再思考前文中,他与她的不同期待。

如果他与她的自我分化程度不佳,建立关系是为了满足"需求",填补自己生命的空缺,她可能认为他不够爱自己,对婚姻不够投入；他则嫌她黏腻、依赖，不给自己喘息的空间。双方各执己见，情绪化地面对彼此的不同。在这种状况下，"我们"是一种限制，阻碍了两人积极实现自我。

如果他与她的自我分化程度高，在关系中仍能维持双方的自主，两人期盼在生活中看到彼此的成长，他可能温柔地回应她的亲密需求，表达他也想要有共同兴趣；她感受到他的诚意，也回应他的体谅。两人可以约定他回家先温柔地打招呼，然后她让他静静看完新闻，睡前两人聊聊天，约定周末何时共处，何时安排各自的活动，让两人的期待都得到满足。在这种状况下，"自我"与"我们"不太需要抗衡，两人都可以实现自我追求。

自我检视

- 评估一下你的自我分化程度,并列出具体例证,例如:我的自我分化程度低,因为我很依赖家人替我决定生活中的大小事。

☐ 我的自我分化程度低,因为我 _____

☐ 我的自我分化程度中等,因为我 _____

☐ 我的自我分化程度高,因为我 _____

5 亲爱的，我们变了

知名艺人与先生离婚，两人各自在网络社交平台发表公开声明。她写道："我没有扮演好一个贤妻的角色。婚后的我，依旧享受我的工作，专注于我的事业，因此，我忽略了经营婚姻与维持一个家，需要相对的时间与付出……再加上现在的我，跟婚前的我也有了很大的转变。以前的我，是一个只以爱情为主的人，但是这几年，我的人生观渐渐改变，我不再像以前一样全心全意只为爱情。"

他的声明则是："九年前，某种程度上系于她迁就我、追着我跑，我曾习惯她对我比较好。有好长一段时间，我们处于非常时期……那时我们的目标与一般夫妻不同，只想变回正常人。后来，我东忙西忙忽略了经营生活，竟把婚姻当成理所当然……慢慢地，我们成了平行线。找不出解药时相处变成了压力，加上爱情随着时间渐渐淡了，一切摇摇欲坠。婚姻是需要调整的，我没发现也没应变；人是会变的，我们都变了。"

离婚是因应互动关系改变的选项之一，但感情能长久，通常不是两人没变，而是两人能沟通调整彼此的差异，随着成长一起改变。这种因应互动关系改变的弹性，也跟自我分化的程度有关。

关系的动态平衡

根据鲍文的观察，相互吸引结为伴侣的两人，通常自我分化程度相近。伴侣关系建立的初期，双方对"自我"与"我们"的需求，通常能借着有时我配合你、有时你配合我的方式，维持动态平衡。但环境和人总是会变，改变会带来挑战。自我分化程度低的双方，容易将改变视为威胁。

婚姻中威胁的主要来源，不管表面上的名目为何，通常可以追溯至"自我"与"我们"的冲突，缺少个人自主空间或抱怨彼此不够亲近。没有自主空间让人窒息、感觉受困或身不由己，不够亲近让人感觉孤单、不被需要或缺少爱。

在生命历程当中，个人对"自我"和"我们"投注的比重可能改变。从艺人与伴侣的公开声明中，可看出两人投注于追寻"自我"和经营"我们"的能量，随时间而有所转变。交往初期，从她以爱情为重的追随，以及他习惯她的迁就，可看出她投入较多比重在经营"我们"。婚姻初期，两人团结面对她遭遇灼伤的痛楚，只想变成正常夫妻时，"我们"是彼此的生命重心，两人都无暇顾及做自己。离婚前，各自积极追求自己喜欢的生活模式，经营各自的"自我"，维持"我们"的压力逐渐增大。

自我分化程度达到理想境界的人，在追求"自我"和"我们"之间不会有冲突，但在现实生活中，这样的人基本上不存在。如果设定理想境界为100分，最差的程度为0分，那么芸芸众生大都介于25至50分之间。芸芸众生的伴侣关系大都建立在形成"我们"的归属需求上，互动时往往有许多认定的"应该"，为双方带来压力。"我没有扮演好一个贤妻的角色"，反映的是婚姻中对女性的角色期待；"我曾习惯她对我比较好……把婚姻当成理所当然"，反映的是相处上的"应该"。当压力超过在一起的幸福，找不到解药，离婚也是一种面对压力的调适。

芸芸众生的伴侣关系

芸芸众生的伴侣关系通常是自我分化程度中等的两人结合。两人都期待对方的关注与支持。即使结合为伴侣关系，限制了个人的自主空间，但两人原本也不够独立自主，因此不觉得难受。这样的关系在刚开始时，就像手套与手的契合一样完美，双方都不会抱怨彼此不够亲密或缺少个人喘息空间。这时两人的表现也可以像自我分化程度高的人一样，在互动中怡然自若。

这样的关系因为相互依赖，幸福与否取决于另一半是如何看待自己的，对方一个眼神或评论，就可以让自己高兴或失落。互动时亲疏远近稍有变化，就可能让对方焦虑。加上双方对另一半的言行敏感，焦虑很容易不经意地通过彼此感染扩大。一方的忽视、伤害、批评和拒绝，可能引起另一方极大的情绪反应，导致两人相处必须战战兢兢、谨言慎行，以免刺激对方。

　　因为双方仰赖另一半带给自己幸福，关系是建立在各自的需要上，两人对另一半有较多的要求和期待，所以比较会抱怨对方的不是。当期待超过对方所能给予的，失望就会接踵而至。关系开始失衡时，常见的双方互动有"你应该……""你怎么可以……""我对你真是失望……"等要求对方改变的言辞。关系极度失衡时，常能听到"你再这样下去，我就要……""我再也受不了你……""继续下去，我会……"等激烈的威胁，为了维持关系要做的改变，超过双方所能承受的极限。

　　芸芸众生的伴侣关系，时而自在，时而难处。自在是因为两人可以相互依靠，难处则因为双方计较对方是否付出足够多，自己是否获得足够多。倘若难处的时刻渐增，为了短暂的自在要付出的代价过高时，关系就会逐渐崩坏。

理想的伴侣关系

理想的伴侣关系是什么样貌？可以从想象两个自我分化程度高的人如何与伴侣互动开始。他们建立伴侣关系不是为了相互取暖，而是为了相互充实。他们的互动关系保有很大的弹性，相处时可以很自由地接近对方或偶尔选择保有距离。不论是另一半的期待，或是另一半面对期待的反应，他们都不会视为威胁。如果对方的行为让他们感觉失落，他们也会思考失落感所为何来，既不会一味自责，也不会盲目怪罪对方。他们会理性掌控自己的情

图 4 自我分化程度与伴侣关系

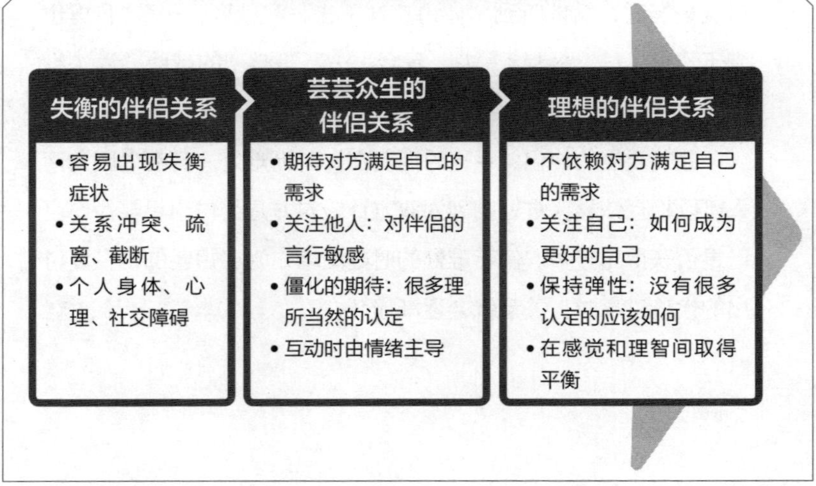

失衡的伴侣关系	芸芸众生的伴侣关系	理想的伴侣关系
• 容易出现失衡症状 • 关系冲突、疏离、截断 • 个人身体、心理、社交障碍	• 期待对方满足自己的需求 • 关注他人：对伴侣的言行敏感 • 僵化的期待：很多理所当然的认定 • 互动时由情绪主导	• 不依赖对方满足自己的需求 • 关注自己：如何成为更好的自己 • 保持弹性：没有很多认定的应该如何 • 在感觉和理智间取得平衡

绪反应，为自己的失落承担责任，尝试控制自己的需求，而不是直接要求对方改变。即使他们决定要向对方表明自己的失落，也会选择幽默地指出自己的感觉源自何处。

这样的理想关系，不容易为双方带来焦虑情绪。即使有焦虑情绪，也不容易引发连锁反应导致焦虑情绪扩大。在这样的关系中，双方仍能各自维持独立自主，不用担心、畏惧对方的情绪反应。面对环境与人的改变，也有适应变化的弹性。

艺人夫妻的离婚，两人都归因于各自对"自我"的追寻，而忽略了经营"我们"。乍看之下，会误以为是两人为追寻自我而导致离异。但追寻自我应该做的是：提升自我分化程度，独立生活时可以过得很好，两人生活时不要求对方按照自己期待的方式生活。对另一半如果没有太多的期待与限制，相处起来会更舒坦。她不需要符合做贤妻的"应该"，他也不需要自责没有为婚姻做"该有"的调整。如果双方要做调整，如放弃应酬，多花点时间经营两人关系，那也是因为自己想要调整，而不是因对方要求而勉强为之。伴侣间的冲突，常起因于双方坚持做自己，却同时仍对另一半抱有很多期待。

自我分化程度高的人在关系中也不是没有调整，只是他们的调整是为了让自己变成更好的人，而不是为了对方所认为的"应该"。

自我检视

- 针对你与他人的关系，列出一项你对对方的"期待"。

- 当对方不符合你的期待时，你的反应是什么？

- 有没有更好的回应方式？

⑥ "我们"是如何搞砸的？

童话故事常结束于王子与公主的盛大婚礼，但婚后生活中日复一日的摩擦，才是考验的开始，从谁洗碗、谁倒垃圾到谁的衣服该放在哪里……都要经过一番挣扎磨合，更糟的是，有人怀有"爱我就该为我改变"的迷思，对另一半施加压力。有些婚姻经历几个月的蜜月期后就迅速破裂，也有些婚姻在压力中持续一辈子。一段关系能维持多久，跟两人面对压力时的应对方法有关。

结婚是两人各自带着原生家庭惯性的结合，面对彼此的分歧，需要耐心沟通，一起找出双赢的路。不成熟的婚姻经常是两个各自被自己原生家庭"洗脑"的人，复制从父母身上学到的方法，主观认定两人理当如何共处，不是委屈自己配合他人，就是强迫他人配合自己。

伴侣间的分歧带来相处压力，一般人的惯性反应是由情绪主导的，专注于回应对方的想法、感觉和行为，而不是经过审慎思考，专注于提升自己，寻求合作的方式解决问题。伴侣间面对压力经常采用的情绪性互动方式可以是保持距离、互不相让、单方忍让、相互退让或牵扯第三人。这些互动方式只求减少发生摩擦导致的当下的焦虑，无法真正解决问题。初相处时，两人可能试过所有方式，但特定方式重复多次后会固定下来，长期下来就成了不自觉的情绪关系模式（patterns of emotional functioning）。鲍文派学者归纳出咨询领域常见的五种情绪关系模式，包括情绪疏离（emotional distance）、情绪冲突（emotional conflict）、支配顺从（dominant adaptive）、伴侣互惠（marital reciprocity）和三角关系（triangles）。

情绪疏离

保持距离是所有关系面对压力时都可能采用的方法，是借着拉开双方距离，减少冲突带来的焦虑，有情感上的绝缘效果。拉开的距离可以是时间、空间或心理上的距离。为了降低相处上的压力，一方可能借加班、应酬晚归或干脆自愿轮夜班，错开两人的作息，这是拉开时间上的距离；让伴侣陪孩子到国外念书或自己调职到国外，这是拉开空间上的距离；避免谈起会引发争吵的话题或保持沉默，这是拉开心理上的距离。

保持距离的案例之一，是面对先生的短暂外遇，从事演艺工作的妻子无法释怀,为了孩子不想离婚,刚好大陆有演艺工作,妻子借此离开,夫妻分居两地,两人隔海通话,谈话内容也仅限于孩子的近况和功课。空间与心理上的距离拉开,弥漫在两人之间的焦虑氛围暂时消失。如果强迫两人坐下来谈外遇事件引起的伤痛,焦虑情绪会立刻产生。

保持距离可以让关系暂时稳定,是一种妥协,让两人在想要亲近与分开之间找个折中点。如果焦虑感持续升高,保持距离的互动方式渐渐导致情绪疏离,生活中新的威胁再起,或维系关系的要素消失,这段关系很可能就以分手收场。

情绪冲突

情绪冲突的关系模式是两人面对相处的摩擦,双方坚决不让步。双方都想控制对方的想法和行为,同时也竭力反抗对方的控制。例如:她抱怨他"跟女同事太亲密",他反驳"那是工作需要";她指控"办公也不用那么暧昧",他怒斥"那是你多疑";她威胁"如果你爱我,你就该跟她保持距离",他恐吓"如果因此工作做不好,我也不会原谅你"。两人不断向对方发射炮火,唇枪舌剑地坚持自己的立场,拒绝顺服对方。双方的对话都是互相数落。争执中的每一句辩解,用意虽是希望对方靠近,但事实是把对方推得更远。情绪一上来,每一句话都想刺中对方要害。

互不相让的两人坚持的独立自主并不理性。争的是赢过对方，而不是考量现实状况的相互合作。这样的互动形塑冲突关系，双方常指责对方"什么都要听你的"，事实上，是双方都想要掌控对方。这样的关系也是一场权力斗争，通过冲突，彼此感觉到对方需要自己，借由拒绝妥协，维持双方距离，也可以让两人在"自我"与"我们"的拉扯中找到平衡点。双方的焦虑情绪在吵吵闹闹中发泄，变质的关系暂时得以稳定。

支配顺从

支配顺从的关系模式是相处时有一方为了维持关系和谐做了较多的让步调整，以符合对方的期望，避免对立。让步的原因可能是面对家庭暴力，不得不让；或是觉得对方需要照顾，不忍心不让；抑或是自觉对方才是对的，应该要让。

家暴受害者为何愿意忍让？可能是受害者第一次被伤害时，往往没有意识到那是家暴，使脱序行为如温水煮蛙般慢慢升级。施暴者又常将责任推到受害者身上，"都怪你激怒我""是你做的事让我失控……"，受害者长期被"洗脑"，相信自己该负责，或觉得离开会有很糟的后果，因为期待情况好转而一再忍让。

不忍心不让的例子，可能是一方长期生病，伴侣要扛起照顾病人的责任。双方稍有冲突，病人的状况就恶化，上演"你怎么忍心让我如此难受？"或"我就死给你看……"的戏码，让照顾者不忍心继续争执，只好让步。

　　以为应该要让的例子，可能是一方长期扮演智者的角色，总以"我那么看重你，才会希望你能改""难道我高估你了吗？""你真是让人失望""我只是希望你可以变得更好……"等言辞"洗脑"另一方。听者开始自我怀疑："我的感觉是不对的？我的判断有问题？"让步的一方，可能相识之前就缺乏自信，在寻求肯定以及害怕对方失望的心态下，认为自己应该要听对方的。长期相处下来，逐渐失去自我，自我价值感也日渐低落。

　　不管是哪一种状况，忍让的一方是自发性地调适，因为调整自己通常比忍受另一方的威胁、痛苦和失望等情绪容易多了。让步、调整较少的一方，通常不会察觉伴侣为了维持关系和谐所做的让步，他们只是很习惯对方的配合，对自己的看法很坚持。不论是忍让或是接受忍让的人，他们的想法和行为都助长了这种不对等的调适，可以说是一个愿打、一个愿挨。互动时未经审慎思考的单方忍让，长期下来形成的关系也称为自我借贷关系，亦即顺从忍让的一方不断出借自我，放弃为自己做主的机会，导致自我功能逐渐低落（under-functioning），强势支配的一方则是不断替对方做主，日益膨胀自我功能（over-functioning）。

图5 情绪关系模式的互动样貌

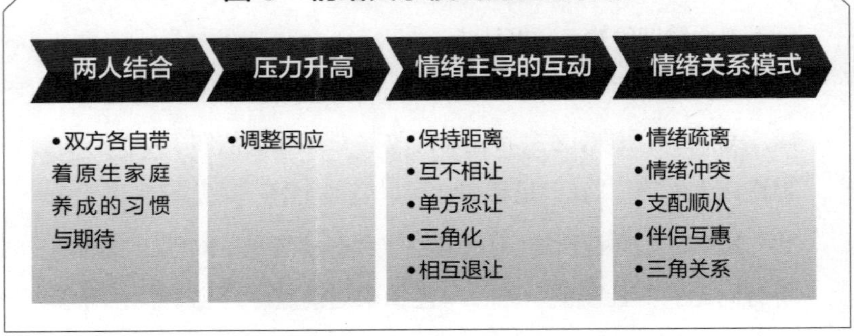

两人结合	压力升高	情绪主导的互动	情绪关系模式
• 双方各自带着原生家庭养成的习惯与期待	• 调整因应	• 保持距离 • 互不相让 • 单方忍让 • 三角化 • 相互退让	• 情绪疏离 • 情绪冲突 • 支配顺从 • 伴侣互惠 • 三角关系

伴侣互惠

鲍文早期的著作也描述了一种情绪主导的伴侣互惠关系，即双方面对分歧，为了减少彼此的焦虑，各自退让，放弃一点自我，以迎合对方期待，维持和谐关系。例如：有不少伴侣在婚后放弃各自原本的工作而共同创业，借此满足双方渴望亲近的需求；她让他对外发号施令，他让她掌管财务。为了降低外在环境可能引发的双方摩擦，她为他减少与婚前朋友的聚会，他为她放弃婚后无法一起共享的嗜好，他带着她出席所有活动，她为他打点生活所需。这种互动方式所带来的稳定，有赖于双方感觉彼此的放弃是否获得公平对待，关系和谐的代价是双方越来越黏腻，越来越依赖对方。在外人看来是神仙眷属，好似是理想的伴侣关系，但两人的情绪依赖如茧一般束缚彼此，双方逐渐丧失独立的自我，甚至无法独自生活。如果有一方死亡，常见另一方顿失依靠，生活能力下降，有人因丧偶而哀伤致死，有人则是需要好长一段时间才能适应新生活。

不是所有的退让都会损及自我功能。独立自主、经过审慎思考的选择退让，退让的出发点不是为了符合别人的期望，而是为了自己的成长。在理智与情感的权衡下，与伴侣沟通后选择退让，例如：放弃骑重机车、飙车等危险的嗜好，或培养共同兴趣让相处更加愉快，这样的退让并非受情绪主导，也不至于损及自我。不论自我分化程度是高是低，伴侣之间都可能以前述几种情绪关系模式相处，只是分化程度较高的人不会陷入太深，即使发生冲突，也不会过于激烈。

三角关系

前述的情绪关系模式，讨论时将互动关系局限于发生分歧的两人关系。然而两人相处所引发的压力与焦虑，很少局限于两人关系之中，更常见的状况是把他人牵扯进来。牵扯他人的三角关系在生活中非常普遍，这将在后面章节中说明。

自我检视

- 描述父母的情绪关系模式,是属于情绪疏离、情绪冲突、支配顺从、伴侣互惠中的哪一种。

第三章

自我分化
——在关系中强调情绪界限

自我分化是指一个人能脱离对原生家庭的情绪依附,可分为两个层次:个人层次是指自我能在理智与情感中求得平衡;关系层次是指能与他人联结,但不受制于他人的情绪。

7 自我分化

"自我分化"（differentiation of self）是指一个人能脱离对原生家庭的情绪依附，发展出独立的自我（individuality）。自我分化又分个人层次和关系层次：在个人层次，这个独立的自我能区别自己的理智与情感，能在理智与情感中求得平衡，能自由选择当下要依据理智还是情感做决策；在关系层次，自我分化程度高的人能在"自我"和"我们"之间取得平衡，有能力区别自己和他人的感觉和想法，能与他人联结，但不受制于他人的情绪，并能用这种能力解决关系间的对立。

如此看来，自我分化不只强调个人的"自我"发展（development of individuality），也强调与他人的关系能建立适当的界限，不损及自我的独立性。此外，鲍文也用自我分化强调与他人的情绪分化（emotional separation）——个体年幼时与主要照顾者情绪融合，要渐渐分开成两个独立个体，就像细胞分裂般一分为二，然后与他人的情绪可以有适当的界限。

家庭情绪氛围

鲍文视家庭为一个情绪单位，强调家庭成员间的情绪相互影响。孩子生活在家庭中，尤其容易受家庭情绪氛围牵动。情绪分化良好的家庭允许孩子有自己的想法、感觉和作为，支持孩子的自我分化。

分化良好的家庭（a well differentiated family），家人不会通过情绪性的主观看法定义孩子，不会因为孩子功课不好就认定他不够聪明，不会因为孩子不听从自己的意见就指责他叛逆；孩子也不需通过回应家人的期待来塑造自己，他可以设定自己的目标，朝目标迈进。当孩子在不需赢得他人认可的情绪氛围下成长时，他的想法和感觉受到家人尊重，他也学会尊重父母和手足。因而孩子虽是家庭这个团体的一分子，但仍保有自己的独立性，并能建立自己的信念和价值观。

分化不佳的家庭（a poorly differentiated family），家庭情绪和团体归属的压力强烈。在这种环境中，孩子成长至该学会独立自主的阶段，也很难依循自己的想法和感觉行事。例如：家人希望"我"念理工，"我"好像应该放弃喜爱的文学；家人不喜欢"我"的男友，"我"该和他分手。在这种环境中成长的孩子有两种选择：一是顺应家人的期待，否定自己的感觉与想法；二是叛逆反抗家人的期望，家人也本能地回应他的脱序。不管是顺应或叛逆，都是未经深思的情绪反应，这样的孩子，信念和价值观经常是混乱的。

来看看品萱的例子，她在家庭情绪压力强烈的家庭长大。品萱的母亲在十八岁时意外怀了品萱，奉子成婚，嫁给交往不久、当时尚未服兵役的男友。婚后，品萱妈住在婆家，新婚丈夫到外岛服役。品萱妈年纪轻轻住在陌生的婆家，有举目无亲之感，在不安、孤单中生下品萱。就像溺水时抓到浮木，品萱自然地成为她的依靠。终于盼到先生服完两年兵役，不料先生又签下两年志愿役，甚至四年军旅生涯结束后也甚少在家。品萱妈没有工作，她的生活就是积极参与品萱的生活，随时传递所有作为都是"为品萱好"的信念。她认识品萱的每一个朋友，有她们的电话，不但母女关系紧密，她也与品萱的朋友熟络，即使品萱大学毕业工作，甚至结了婚，品萱妈仍然每天跟品萱电话联络。

品萱进入职场，认识在同公司工作的男友，两人尚未正式交往前，品萱的男友在公司有几位互动密切的女同事。正式交往后，品萱禁止男友与她认为和男友"暧昧"的女同事说话，男友的回应是"同事间难免要互动"，品萱的情绪随着这些互动起起伏伏。交往一年左右，品萱的情绪逐渐失控，有一次甚至因为怀疑男友与一名女同事下班后仍互传信息，激动得在公司掌掴那位女同事。品萱因行为失控离职，并前往精神科就诊吃药控制。男友为了稳定品萱的情绪,决定结婚。婚后,品萱仍时常失控。半年后,品萱的先生也离职,两人搬到南部乡下,远离品萱认定的"是非之地"。

个人的自我能否顺利由原生家庭分化而出,受家庭中每个成员的想法、感觉和行为影响。品萱自小生活在与母亲相依的家庭情绪系统当中,思绪都放在"我们"的关系上,是自我分化程度不佳的特征。品萱的行为受情绪掌控,可从以下几个方面寻找根源。

生理方面的情绪调节机制:一个缺席的父亲,很容易造就一个焦虑的母亲。品萱妈怀品萱的时候,处于孤独不安的状态,怀孕母亲的情绪冲击影响胎儿情绪系统发展。这样的孩子出生后,情绪调节系统好像少了刹车一样,情绪发作后,不容易恢复平静。

主要照顾者自我分化程度不佳:品萱妈的自我分化程度低,可以从她与女儿关系紧密,以女儿为生活重心,没有自己的朋友或生活圈看出。身为品萱的主要照顾者,品萱妈把自己对"我们"的归属需求,倾注在还没有分辨能力的孩子身上,品萱因而在不知不觉中接受母亲的暗示,认同"男人是不可信赖的"与"身为女人的无奈",于是长大之后的品萱很难对伴侣产生信赖感。

家庭中重要他人的行为示范:品萱爸和妻女关系疏离,品萱爸面对婚姻压力,以保持距离的方式逃避问题。父亲的逃避与缺席,导致品萱更难学会信任伴侣。

品萱自身对外在环境的反应:品萱面对母亲过度干涉自己的

生活，反应是顺从与接受。品萱妈一句"我养你这么大，你怎么可以这么对我"，就能引发品萱难以承受的愧疚感，觉得自己必须顺从母亲。品萱以母亲看待自己的态度认定自我价值，渴望得到母亲的认可，这使得她很难有健全的自我概念，情绪也很容易受他人影响。

自我分化的表现

个人在青春期以后，离开原生家庭前，自我分化的程度已经大致确定，这是一个人自我分化的"基础程度"（basic level）。除非生活遇到重大挫折，或接受特别的自我成长训练，这个基础程度才可能改变。个人带着自我分化的基础程度成立新家庭，与伴侣互动时自我分化的表现，会因对方的态度与互动而表现得稍微在基础程度之上或之下。这种因外在环境或重要关系而异的自我分化表现，称为自我分化的"功能程度"（functional level）。

品萱自我分化的基础程度，在她离家上大学时就已大致确定。个人的自我分化基础程度会与父母相近。品萱的自我分化基础程度应该是与较亲近的母亲相近，而她后来的表现则依新关系而异。在外人看来，她与男友交往前，情绪还算稳定；但与男友交往后，陷入关系之中，自我分化基础程度不佳的她，将注意力放在男友的一举一动上，无法理智分析自己的猜疑是"有所依据"还是"源自想象"，而是顺着母亲告诫"男人不可信赖"的情绪反应去怀疑猜忌。这样的关系即使有婚约保障，只要她认为"暧昧"的对象存在，焦虑情绪仍然高涨，也让她自我分化功能程度的表现更为低落，甚至接近精神崩溃而需要靠药物克制焦虑。当两人离开品萱所认定的"是非之地"，引起猜忌的肇因不再，她的焦虑得以缓解，自我分化的功能程度可望略为回升。但自我分化基础程度不佳的她，风吹草动都可能视为威胁，未来一旦又出现诱发猜忌的对象，她的精神状况也可能再度恶化。

自我分化基础程度越低的人，功能程度的表现越容易因环境而异。如果建立家庭后伴侣间的互动顺畅和谐，基础程度低的人也能运用理智思考，比较不会为伴侣带来压力。如果互动时常出现摩擦而产生焦虑，基础程度低的人会开始依赖本能反应，而这种本能反应可能被伴侣视为威胁，诱发更大的焦虑，互动容易进入恶性循环。双方调适拉扯，会使自我分化的功能程度产生变化。

从品萱的例子来看，夫妻一方的功能程度提升，另一方则降低，关系中发生自我借贷的现象。品萱精神崩溃，功能程度降低，先生负起照顾品萱的责任，功能程度提升。以数字比喻，假设两人相识时，双方的自我分化基础程度都是35分，基础程度总分70分不变的话，则两人的互动让品萱自我分化的功能程度降为15分，扮演照顾者的先生的自我分化的功能程度则提升至55分。

自我分化的功能表现可以因时、因地、因关系而起伏。基础

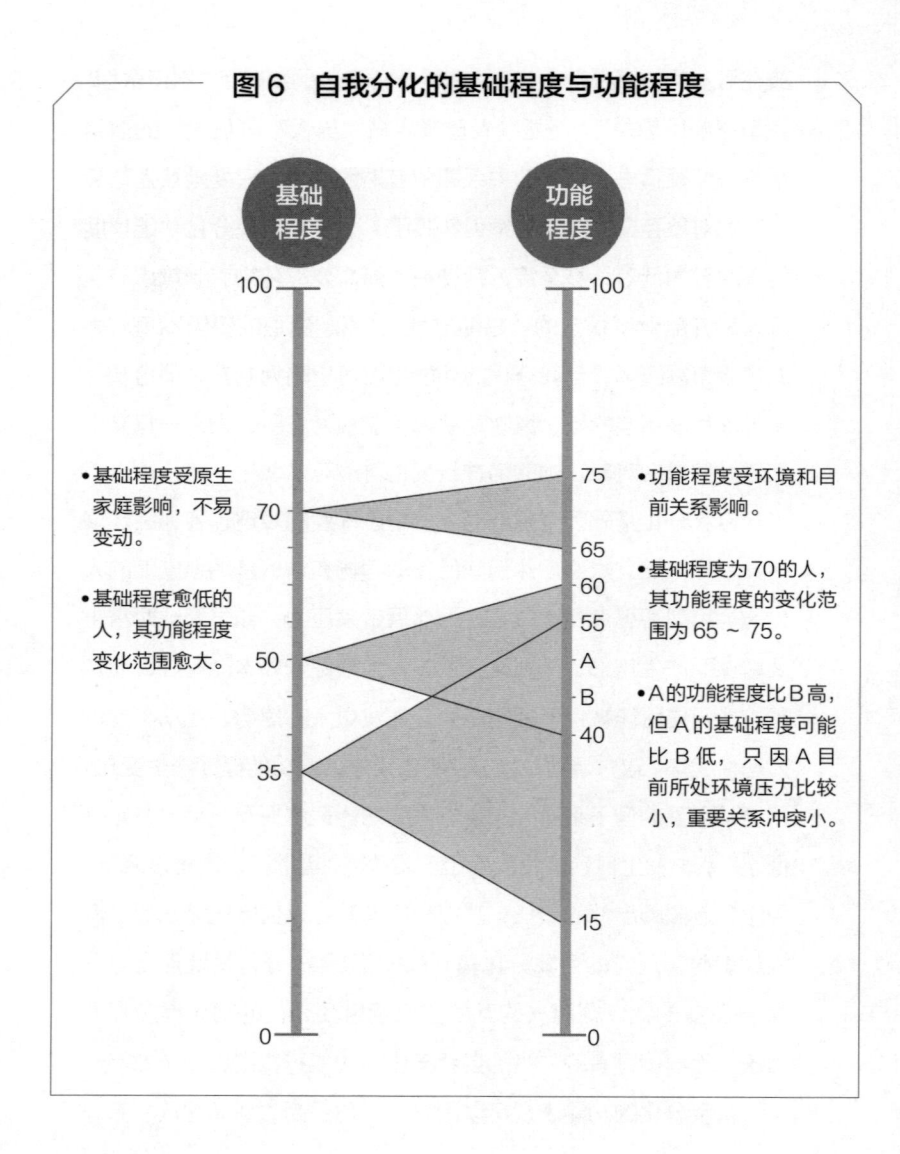

图 6 自我分化的基础程度与功能程度

基础程度 —— 100、70、50、35、0

功能程度 —— 100、75、65、60、55、A、B、40、15、0

- 基础程度受原生家庭影响，不易变动。
- 基础程度愈低的人，其功能程度变化范围愈大。

- 功能程度受环境和目前关系影响。
- 基础程度为 70 的人，其功能程度的变化范围为 65～75。
- A 的功能程度比 B 高，但 A 的基础程度可能比 B 低，只因 A 目前所处环境压力比较小，重要关系冲突小。

程度越高的人，功能程度越稳定，因情境而产生的变化幅度比较小。离婚可能让一方功能程度提升，终于能做自己，另一方降低，丧失自信；一般人在职场上的功能程度通常会高于在家庭中的表现；新生儿的出现可能提高父母的功能程度，增加父母的责任感，或因照顾婴儿的劳逸分担不均，导致夫妻冲突，而降低两人自我分化的功能程度。

了解家庭系统理论并改变自我，首要目标是提升自我分化的基础程度，基础程度提高后，面对不同的环境、关系，都能设法抽离情绪，理智应对。

自我检视

- 想一想，你与哪一个人相处时表现得比较成熟、理智，情绪比较不易波动。描述对方与你相处时，他面对冲突通常的反应是怎样的。

- 再想一想，你与哪一个人相处时情绪特别容易波动。描述对方与你相处时，他面对冲突通常的反应是怎样的。

⑧ 自我分化的不同样貌

有人坚持要"做自己",但表现出来的只是自私,不尊重他人的行为,在做自己的包装下坚持"我就是这样",要求他人配合自己;或者只是想逃离一段紧张的互动关系,防卫性地宣告:"你认识我时,我就是这样的人";又或者面对冲突时,以"那是你的问题"来规避自己的责任。相反地,也有很多人追寻自我,却不放弃获得他人的认可,在他人的眼光中寻找自我,但无论如何费尽心思改变自己去讨好别人,还是无法满足所有人的期待。

提升自我分化,是做自己的同时,不坚持改变他人来配合自己,并且能够持续与他人保持联结。更重要的是,不任由情绪支配自己的行动。当一个人理直气壮地大声宣告要做自己时,其实不了解自己展现的只是一种情绪化的任性抗拒。真正做自己,是经过思考后,做一个自己想成为的人。如果愿意努力,每个人都可以通过练习提升自我,成为自己的主人。这个提升的过程,需要在互动关系中一次次地实践，愿意正视关系中的问题，而非回避对方或断绝关系。

在迈向提升自我之途时，有必要先了解自我分化的不同样貌。鲍文将自我分化以 100 分计，等分为四个等级。这种理论上的划分跟实际的自我分化评量工具并不互相对应，纯粹是为了便于描述自我分化的不同程度。阅读时，可能很难明确地对应自己或亲人属于哪一种等级，这是因为我们看到的都是自己或他人在某个环境下的功能表现，这些表现可能根据情境或互动对象而异，但仍然可以以此为出发点，了解不同分化等级的样貌。

低度分化（0 ~ 25）

自我分化等级最低。他们长期处于原生家庭的情绪压力当中，思绪都放在维持关系上，无法积极寻找自我。他们很在意别人怎么看自己，很在意别人期望他们怎么做，问他们意见，他们回答"我觉得……"，却无法勇敢、诚实地表达。对他人的期待，经常是缺乏理性思考的盲从（如品萱），或是任性抗拒（如圣凯）。因为他们总是在他人身上寻求慰藉，对于被爱和被接纳有着无止境的担忧，很难活得自在，心思都放在生活中不愉快的事情上。与他人发生冲突时，无法区别冲突原因是自己的主观想象还是事实，固执地采取几种无益的惯性反应，如保持距离（害怕退缩）、互不相让（生气怒骂）、单方忍让（沉默听从）。长期下来，在身体、情绪和行为上就容易出现不良症状。

这一类型者的生命受情绪系统主宰，他们极端缺乏安全感，或渴望情感上可以依赖的对象。如果原生家庭的情绪氛围过于紧张或冷淡，他们可能急着逃离家庭，向外寻找依靠对象，常见的是年纪轻轻就与人同居或结婚。如果在情感上持续遭遇挫败，他们可能对依赖他人既期待又害怕，在感情上变成"游牧民族"，一旦与依赖对象相处的焦虑感升高后，就另起炉灶换一段关系，在情感上不自觉地和他人保持疏离，"害怕真的坠入情网而受重伤"。

在极端的例子中，有人可能因为再也无法面对关系中的冲突而断绝所有关系，就如部分离群隐居的人，为了避免相处的痛苦而拒绝他人接近。如果不能断绝关系，也有人本能地隔绝情绪，借由酒精或药物成瘾来麻醉自己，甚至让焦虑发展成为精神疾病。除此之外，也有人表现得异常叛逆，或与他人形成自我借贷关系，极端地以暴力胁迫他人顺应自己，成为施虐者，或毫无自信地受人支配，成为受虐者。

中度分化（25～50）

大多数人的自我分化属于这个等级。这个自我分化等级的人，没有伴侣时，常感到生命空虚不完整；而一旦与人建立伴侣关系，就会立刻以关系为重，并在关系中找寻自己的定位和价值。这种人在亲密关系的支持下，有机会展现潜能，但发展有限，因为他们经常需要回头在关系中寻求支持。这样的人又可以分为两类。

一类是生命重心是寻求认可，因此会很在意他人的态度，会从他人的面部表情、肢体动作、讲话声调来判断其态度，"他好像对我不满""他好像在生我的气……"，情绪容易因他人的赞赏与批评而起伏。不论是学校课业或职场工作，他们往往努力取悦老师或上司，更重视学习或工作对自己的意义和价值。在情绪紧张的互动关系中，他们很容易妥协、让步、改变自己，或企图改变他人。

另一类则是非常执着于说理，但说出来的道理有时似是而非。他们执着于自己的道理，却有聆听障碍，无法考虑别人的感受。可能是由于原生家庭中的情绪起伏让人捉摸不定，这种人长大后极端厌恶情绪，对情绪采取不碰触、不审视、不感受的态度。当无法处理对方的情绪时，经常不耐烦地回应："我不是告诉你该怎么办了吗？你怎么听不懂呢？"然后转身离开，逃避情绪。这种人在面对问题时，经常急着"解决问题"，习惯告诉别人"难过、生气、紧张也没有用"，忽略对方感受的同时，只想教导对方该怎么做才是"正确的"。

这两种人在面对冲突时，不是委屈自己、不尊重自己，就是无法尊重对方与自己的不同；他们的行为不是过于受情绪左右，就是过于僵化而不重视情绪的重要性；不是过于软弱、一味退让，就是坚持让对方改变，听自己的。在这种互动关系中，赢的一方更确定自己是对的，妥协的一方则逐渐失去自我。

均衡稳定（50～75）

这类人会依据理智做决策，也清楚情绪能影响自己的判断，但不再是情绪或感觉世界的囚徒。他们的自我是通过汲取生活经验，经过反思，一点一滴地累积起来——而非随意接受他人传递的看法——而形成的，因此他们不容易被外界撼动说服。他们可以在情感和理智之间转换，只要无伤大雅，就可以放任自己，享受感情用事带来的喜悦。例如：这类人可能会理智地列出一堆择偶条件，但一旦遇到"感觉对的人"，也愿意遵从"心"而不是"脑"，选择出乎自己意料但相处起来轻松自在的人。

婚姻对他们而言，是一种合伙关系，双方可以在不被对方剥夺自我的情况下，享受"我们"之间情感的亲密。没有建立伴侣关系时，他们可以拥有完整的自己，不觉得空虚；建立起伴侣关系后，他们的情绪、情感和想法也不会依附在互动关系上。即使另一半对他有不同的期许，他也能维持个人自主性，可以跳脱本能反应，客观分析自己的情绪、情感和主观想法后，再回应对方。

他们的自主性与自私不同，会在考量共同利益后尽量做出对彼此都好的选择，因此他们与伴侣可以相互欣赏、相互尊重，各自拥有发挥自我与才华的空间。

成熟智者（75～100）

这是理想的自我，很少有人能达到。自我分化达到这个水平的人，最重要的特征是，不会盲目固执己见，比起前面的理智稳定等级，这个等级的人与他人相处时，思绪更有弹性，更能发现自己的盲点并加以修正。面对冲突，他们可以静心了解对方的想法，尊重别人的不同，不急于批评或改变对方，沟通时也能不带情绪地讲理。他们明白，关系中的冲突有时只是矛盾情绪的反映，需要的也许不是讲理，而是感受对方的心情，让对方知道无论是生气还是难过，自己都愿意陪伴对方。他们能为自己负责，也了解自己对他人的责任，但不会为他人担负过多的责任。在伴侣关系中，他们对自己和对方的期待很务实，知道自己可以依赖对方，能享受两人关系，对双方差异有很高的容忍度，不会要求对方改变以满足自己的需求。

前述四个等级的差别在于：个人能否让自己脱离本能与情绪的掌控，能否了解和接受自己与他人的情绪，能否情绪平和地去

表2 不同分化等级的样貌

等级	生命驱力	关系	行为表现
0~25	• 由情绪系统主宰	• 在他人身上寻求慰藉 • 对被爱或被接纳有无止境的担忧	• 逃家与人同居、叛逆 • 酒精或药物成瘾 • 精神疾病 • 施虐者、受虐者
25~50	• 无法在情感与理智间求得平衡	• 在关系中找寻自己的定位和价值 • 执着于自己的道理,无法考虑别人的感受	• 妥协让步改变自己,或是尝试改变他人 • 过于受情绪左右,或过于僵化,不重视情绪
50~75	• 可以在情感和理智之间转换	• 情绪、情感和想法不会依附在互动关系上	• 能考量共同利益,做出对彼此都好的选择
75~100	• 情感与理智平衡	• 能为自己负责 • 不会为他人担负过多的责任	• 思绪有弹性 • 能发现自己的盲点并加以修正

看清现况,不以自己主观的需求、恐惧和想象来看待互动关系。

提升自我

提升自我分化的程度,必须在日常生活中进行应对练习。面对与他人的分歧,先换个思考模式,不急着说服对方,不急着"解决"问题,不假装自己没有情绪,不否定他人的情绪,而是了解情绪之后,客观地让自己不受情绪支配,克制习惯性的冲动反应。当一个人能抽离情绪、平和地检视冲突所在,才有机会了解冲突双方主观的"需求""恐惧"和"想象",才有能力冷静地表达自己的观点,而不是控诉对方,焦虑地强迫对方同意自己的看法。这样的自我,才有机会在冲突中找到双赢的解决方案。

鲍文主张以提升自我分化的方法化解家庭关系中的冲突与焦虑,有别于一般人"用'爱'化解家庭问题"的迷思。面对有情绪障碍的人,如情绪失控者、受虐者、施暴者等,以往的迷思是,这些人可能在其原生家庭中缺乏足够的爱与支持,"如果当初原生家庭能给他们更多的关怀,他们可能不至于如此"。

但从自我分化的观点来看,情绪障碍起因于无法分化出独立的自我。一个人如果觉得自己没有获得足够的爱,是因为他仍渴望被爱,这是原生家庭情绪依附过于紧密,导致孩子情绪无法分化的症状,未必是他从来没有被爱。提供关爱和没有威胁的环境,或许能平缓他的情绪(治标),但无法治疗他的情绪障碍(治本)。

要帮助一个有情绪障碍的人,最有效的方法不是提供爱与关怀,而是要帮助他们了解自己的渴望与害怕,进而使其在生活中练习分辨这种情绪如何影响自己与他人的互动,从而有意识地克制自己的情绪性反应。

自我检视

- 列举一些征候，评估自己的"自我分化"等级。

我是＿＿＿＿＿＿＿＿＿＿等级，例证是：

第四章

互动系统
——三角关系

两个人在沟通过程中各执己见，其中一方或双方转向第三方寻求支持或转移焦点，或是他人主动介入争执。只要第三方的立场稍有偏颇，战火就波及第三方，形成三角关系。

9 三角关系

两人关系出现问题无法解决，在沟通过程中若双方又各执己见，其中一方或双方可能转向第三方，转移焦点或寻求支持，或他人主动介入。只要第三方的立场稍有偏颇，战火就波及第三方。当两人问题牵扯第三方时，这个第三方就使被冲突的两人"三角化"（triangling），形成"三角关系"。

三个人一起生活，不一定会形成三角关系。三人关系可以是三个"一对一"的两人互动。每个人与另一个人互动，都能有自己的立场，也尊重他人的立场，且不干涉其他两个人的互动，形成三个独立的关系。如果两个人的互动总牵扯第三人，个人坚持立场时经常需要其他两个人妥协，或者每个人都涉入其他两个人的互动，好像有隐形绳索捆住这三个人，这种三人关系就是一种三角关系。

在三人关系当中，因亲疏远近不同，其中两个人可能较亲近，另一个人相对疏远。"同盟"是较亲近的两个人形成心理与情绪的联结与支持，同盟外的人感觉自己像局外人被边缘化，会企图通过行动与其中一个人同盟，换另一个人处于局外，这称为同盟关系的动态移转。这样的动态转移，得以确保没有一个人长期处于局外，而能维持三人关系的和谐稳定。三人关系中即使有两人同盟，只要没有哪一方干涉其他两个人的互动，就不构成三角关系。

三角关系的动态平衡

当家庭成员彼此享受亲近时，每个成员都想与对方结盟，不想处于局外。以一家三口为例，先生觉得妻子与儿子亲近，自己被忽略，以温柔示好拉近和妻子的距离，让自己与妻子形成同盟。夫妻感情升温，儿子处于局外，可能会本能地向母亲撒娇，重回同盟关系。如果父子感情融洽，经常一起活动，被冷落的妻子也可能要求先生空出时间陪自己。家庭中的同盟关系可能在夫妻、父子、母子间流动，形成动态平衡。这样的过程让三人都能感觉到自己与他人亲近，而这些过程通常是不自觉的本能反应，除非经过练习，学会客观观察，否则很难意识到这样的互动关系。这种因情绪反应而靠近对方的同盟转移，是属于焦虑感较不明显的三角关系。

当关系变质，相处起来有较多的焦虑感，两人便不再努力结盟，反而积极牵连第三人形成三角关系。牵连第三人的方法有很多：夫妻对立，妻子跟儿子抱怨先生，是牵连儿子形成三角关系；夫妻不和，妻子向自己的母亲抱怨先生的不是，岳母责怪女婿不体贴自己的女儿，三角关系中的夫妻对立转变成岳母和女婿的对立。另一种例子是，经常目睹父母争执的小孩，经过长期观察与"训练"后，会不自觉地在父母争执时突然生病、逃学或在学校打架等，以转移父母的焦点，让父母停止对峙，不经邀请就介入父母关系。

关系极度紧张时，局外人的位置反而成为较佳的选择，两人关系中的一方可能会想办法逃至局外，如母子激烈冲突时，母亲可能积极要求父亲负起管教儿子的责任。当父亲听命行事加入三角关系，父子爆发冲突，母亲则收手退后改当局外人。另一种是常见的婆媳三角关系，媳妇不喜欢婆婆溺爱孙子，请先生介入，先生对自己的母亲婉转开口提醒，如果媳妇一时按捺不住而附和，婆媳起了争执，先生则选择退处局外。

第三人总是破坏关系？

两人关系可因第三人的加入或离开，变得更不稳定或更稳定。

变得更不稳定：原本和谐的伴侣关系，在小孩出生后，因双方劳逸分配不均、面临经济压力、把精力挪来照顾小孩、睡眠不足或独处时间变少等等，都可能让双方的冲突升温，是两人关系因第三人加入而恶化的例子。相反，原本融洽的中年伴侣，在小孩离家到远方就学后，原本担任关系协调或转移焦点的角色不在，双方冲突因缺乏缓冲而恶化，是两人关系因第三人离去而不稳定的例子。

变得更稳定：原本冲突不断的伴侣，也可能因孩子的出生，关系变得较和谐。有了孩子后，两个人可能因此有了更多共同目标、共同话题，更愿意负起身为父母的责任，是两人关系因第三人的加入变得更稳定的例子。夫妻冲突也可能因经常选边站、撩

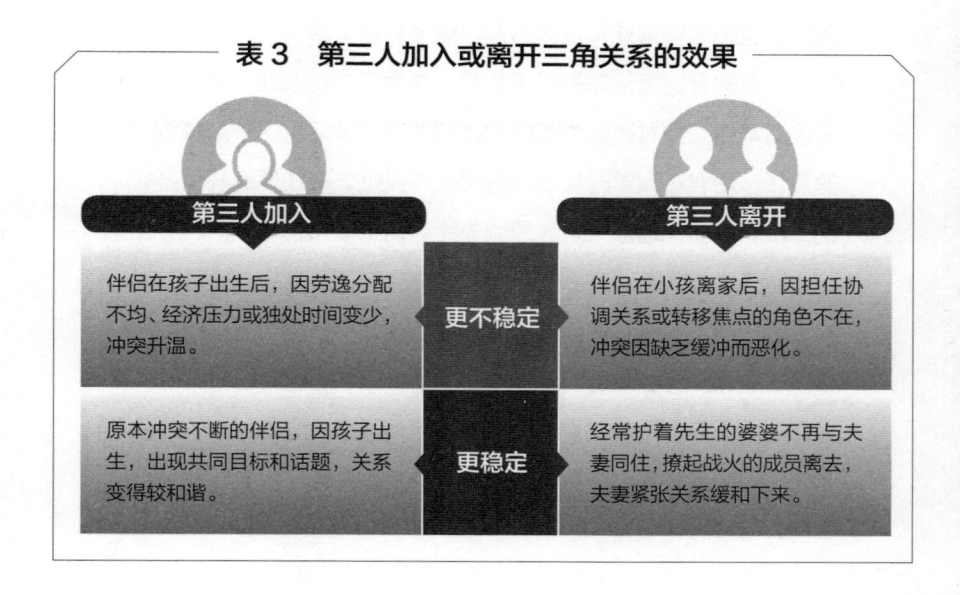

表3 第三人加入或离开三角关系的效果

	第三人加入		第三人离开
更不稳定	伴侣在孩子出生后，因劳逸分配不均、经济压力或独处时间变少，冲突升温。		伴侣在小孩离家后，因担任协调关系或转移焦点的角色不在，冲突因缺乏缓冲而恶化。
更稳定	原本冲突不断的伴侣，因孩子出生，出现共同目标和话题，关系变得较和谐。		经常护着先生的婆婆不再与夫妻同住，撩起战火的成员离去，夫妻紧张关系缓和下来。

起战火的成员离去而减缓，比如经常护着先生的婆婆不再与夫妻同住，夫妻关系紧张程度略为和缓，是第三人离开，两人关系变稳定的例子。

三角化与结盟是自然现象

三角化和结盟是自然现象，是家庭成员互动时的自动化反应，也是自我分化不成熟的产物。只要有群体，三角关系和同盟关系就容易存在。即使只是三个人短暂相处，也可能有两个人比较投缘而形成同盟，一个人在局外。自我分化成熟的人，即使在局外，也能怡然自处，不需与人结盟才有安全感。

怡君的家庭是常见的母子结盟、先生不甘长期处于局外的三角关系案例。怡君在原生家庭中排行老大，被父母赋予照顾弟弟的责任。怡君在大学时认识排行老幺的先生，交往期间与结婚初期，怡君习惯性地像大姐般照顾先生，两个人感情稳定。

两个人的关系在儿子出生后有所改变。怡君身为新手妈妈，担心有所疏漏，战战兢兢竭尽所能地照顾儿子。先生主动帮忙照顾孩子，但照顾方式达不到怡君的标准，怡君干脆拒绝先生帮忙，自己揽下所有的照料工作，因精疲力竭而没有余力像过去一样照顾先生。晚上睡觉，怡君担心先生打呼噜吵到孩子，先生也被要求搬去睡客房。

儿子出生前，怡君与先生关系亲密；儿子出生后，怡君与儿子结成同盟，先生被怡君忽略，失去妻子对他的关心照顾，想参与照料儿子也被怡君拒绝，没机会与儿子建立亲密的联结。先生长期被边缘化，向怡君抱怨，想重拾往日的温馨关系，怡君的反应是："我这么辛苦，小孩是我们生的，你不帮忙就算了，还抱怨什么？"

儿子渐长，先生管教儿子时，怡君经常干预，并直指先生不了解儿子的习性，儿子与她相处就没这些问题。怡君介入父子互动，形成三角关系。如果怡君能克制自己，选择在事后跟先生解释儿子的行为，讨论如何适当回应，给先生学习的机会，或许可以避免形成三角关系。

怡君干预先生管教儿子，导致先生在孩子心目中的地位低落，往后的管教，儿子学会反抗。父子各执己见时，怡君又出面干预，为儿子找理由，先生更加不满。有次怡君责怪先生："东西乱丢不整理。"累积不满情绪的先生则说："你儿子都能乱丢，为什么我不行？"怡君无法理解先生被自己忽略、不受尊重、遭边缘化的怒气，视先生的反应为"不成熟、爱吃醋"，怨自己"怎么会嫁给这么幼稚的人"。目睹父母争执，儿子选择跟母亲站在同一阵线上，更加抗拒父亲，于是儿子也介入三角关系。

争吵引发一连串的多米诺骨牌效应，让焦虑情绪蔓延。怡君、先生、儿子都曾经不自觉地涉入其他两个人的互动。当儿子与先生的对立越来越严重，夫妻类似的争吵越来越激烈，三角互动无解又各执己见。怡君面对父子冲突，心力交瘁，为了"保护儿子"，在儿子初中二年级时，怡君选择跟先生离婚。

生活当中有许多不经意的三角关系容易被忽略，例如：伴侣在孩子面前批评自己的另一半"你妈总是管太多……""你爸很小气，舍不得借钱给小舅……"，这些对话看似无伤大雅，也会牵连孩子形成寻求同盟的习性。家庭一旦存在三角关系，对立发生时，如果只处理两人关系，通常没有太大效果。

以怡君的家庭为例，如果只处理父子关系，教导先生如何与儿子互动，并不能真正解决问题。先生在儿子出生前很习惯被怡君照顾，等怡君本能地把照顾对象转移到儿子身上，无暇顾及先生的需求时，先生也情绪性地把这个改变视为威胁。伴侣双方的自动化反应，会触发一连串情绪性的连锁反应。面对过于紧张的三角关系，怡君选择离婚，留下母子两人，这个同盟关系暂时稳定下来。

但接下来的母子关系仍有挑战要面对。母亲无法随着儿子成长而适时放手，偶尔仍可发现怡君叮咛已经念初中的儿子"天气这么热，你怎么不脱外套？""你有看到老师吗？去跟老师打招呼……"，对待儿子像对待幼儿一般。习惯于被照顾的儿子，站在母亲身边毫无生气地回应。母亲与孩子过度融合，有碍孩子发展独立的自我，即使父亲离去，这个家庭的问题依旧存在。

自我检视

- 请举出有人试图把你"三角化"的例子。

- 请举出你与他人冲突时,企图牵连第三人的例子。

10 你被"三角化"了吗?

两人关系若相当脆弱,面对压力时,双方可能习惯性地采取保持距离、互不相让、相互退让或单方忍让等方式应对。此外,三角关系是另一种逃避问题的方式,对立的双方牵连原本与问题无关的第三方,把第三方"三角化",纳入三角关系。鲍文认为,三角关系是家庭、机构、社会的组成元件,只要有群体,三角关系就存在。把别人三角化的行为到处可见,例如:对孩子数落伴侣的不是;跟先生谈论婆婆照顾小孩的方式不对;不跟同事沟通而是向上司抱怨同事;等等。

若想实现理想关系,首先要学会观察三角关系如何让其中两位主角逃避问题,其次要了解身处三角关系当中如何管理自己的情绪和行为。

关系中的角色固定

三角关系的概念可用以理解家庭情绪系统的细致运作。在家庭互动关系中，每个人扮演的角色经常是固定的，行为也常是固定的习惯反应，形成容易预测的互动过程。常见的一种互动是伴侣间扮演"追逐者—疏远者"的角色。追逐者越要求沟通亲近，疏远者越想保持距离，借出差、加班晚归、在家工作、看新闻等方式逃离追逐，即使被牵扯两人关系间的是"事"（如工作）或"物"（如电视），仍然可称为三角关系。

不同性别展现出的追逐与疏远范畴相异，男性通常会在感情方面扮演疏远者，在性方面扮演追逐者，女性则相反。追逐与疏远的互动产生过高的焦虑时，如果伴侣一方或双方把原本应该投注于经营两人关系的精力转到孩子身上，把孩子三角化，不论孩子扮演的是转移父母焦点或是调解父母冲突的角色，都不利于孩子发展独立的自我。

另一种家庭互动常见的固定模式是"焦虑的产生者—扩大者—阻隔者"。焦虑的产生者是第一个散发出负面情绪的人，在其他成员眼中，他过于敏感、脆弱或吹毛求疵，其实他只是最早对问题出现情绪反应，并不是制造问题的人。焦虑的扩大者是面对他人焦虑无法保持冷静的人，他不自觉的情绪反应让状况恶化，或许伴侣的情绪只要一个拥抱或一句温暖的话语即可平息，但扩大者可能习惯性地反驳、斥责或勃然大怒，反而让局面一发不可收拾。焦虑的阻隔者通常和其他两者保持情绪上的距离，在焦虑过度升高时，担起平息焦虑的角色。

以"父—母—子"形成的三角关系，孩子扮演焦虑阻隔者为例：妻子（产生者）不满先生经常加班夜归，试着要求先生减少工作，多陪陪家人。先生（扩大者）情绪性地指责妻子不够体恤，导致妻子更焦虑。这样的冲突持续上演，孩子被家中的焦虑氛围感染，本能地应变，应变方式可能是生病、闹情绪、打架等等，用以转移父母焦点而使其暂时停止争执，不自觉地扮演焦虑阻隔者。这样的小孩看起来可能体弱多病，是家中的小霸王，或是学校的麻烦制造者，但他也是三角关系中的牺牲者——牺牲了自我发展的机会。

以情绪中立"去三角化"

双方关系恶化牵连第三方，也是自我分化不够成熟的特征。伴侣失和向第三方诉苦，通常是因双方以惯有的情绪"责怪和生气"回应对方，降低了彼此了解和相互接纳的可能，各执己见，无法异中求同。如果第三方加入让关系更加恶化，也常是因第三方无法理性看待问题，选择同情其中一方，选边站的结果就是被三角化，成为三角关系中的一员。例如：婆婆同情儿子，跟儿子一起责怪媳妇，形成"婆婆—儿子—媳妇"的三角关系，导致儿子、媳妇关系更加恶化。

面对关系冲突的情绪化投诉，如果第三方能克制自己的情绪性反应，不急着"帮"投诉者解决问题，就可避免被三角化。第三方首先应觉察自己的情绪，并有意识地不让自己陷入情绪性反应，与双方保持冷静平和的接触以维持"情绪中立"。行有余力的话，第三方可以想办法协助双方辨识争执的本质，看清各自的情绪性反应，了解双方都该为冲突负责，或者退后一步，请双方冷静后自行寻找可接受的解决方案。"去三角化"（detriangling）是不选边站，维持情绪中立，把问题局限在对立的两个人之间。

最常见和最具影响力的三角关系是由"父—母—子"组成的。孩提时没有能力辨识自己身处三角关系，成长后练习以情绪中立的方式与父母相处，也许可以带动家人改变。如果每次跟母亲谈话，她就开始抱怨父亲，孩子的个人情绪反应或许是想办法帮忙。但同情母亲而介入调解，意味着与父亲对立，转移了冲突的焦点，母亲和父亲的问题仍然存在，这样的行为损害"父—子"和"父—母"的关系。

不涉入三角关系或不被三角化，最简单的方法就是请当事人自行处理他们的问题。例如：建议母亲直接跟父亲讨论，并拒绝继续听她抱怨；或是告诉父亲"他的妻子一直对他有怨言，不晓得为何她不直接告诉他"；也有人试着反其道而行，认同母亲所有的抱怨，她抱怨父亲太邋遢，就附和他真是脏，她说父亲不体贴，就认同他少根筋，没多久，面对一面倒的数落，母亲反而

图7　三角关系

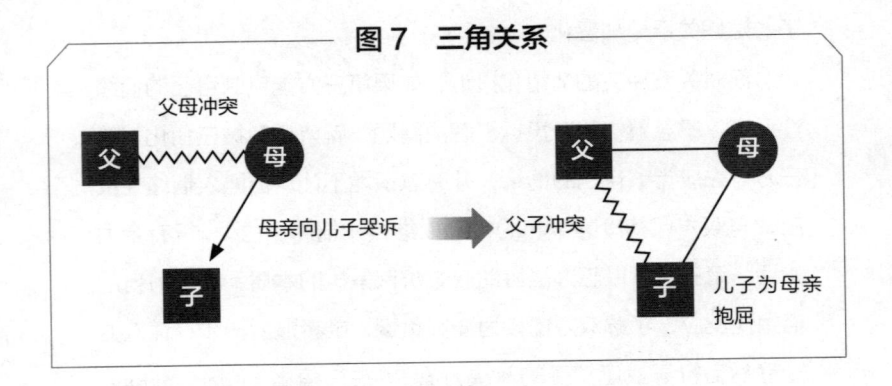

父母冲突 — 母亲向儿子哭诉 — 父子冲突 — 儿子为母亲抱屈

不自觉地替父亲辩护，"其实他也没那么糟"。虽然无法确认哪种方法有效——通过练习与试验，母亲或许未必会直接找父亲沟通——但身为子女可以借此去三角化，维持情绪中立，跳脱三角关系。

刻意的公平

第三方带着焦虑维持"刻意的公平"，效果常与用冷静平和的情绪中立对待大相径庭。以"母—子—子"的三角关系为例，母亲在原生家庭中深受不平等待遇之苦，决心不让自己的孩子经历这种感觉，极力想让两个儿子知道她对他们的爱是一样的。她将自己的决心化为行动，买衣服、买玩具……所有用品都是一人一份；在陪伴与照顾孩子上，也尽可能给孩子相同的待遇。她的行为让孩子觉得"维持公平是母亲的责任"。两个儿子在这种氛围下成长，学会斤斤计较，经常比较自己获得的关爱是否与手足相等，视手足为母爱的竞争对手，为自认的不公平争吵，母亲极力想避免的状况反而不时发生。

兄弟阋墙看似是"子—子"间的较量，但它只是三角关系中的其中一对关系，是"母—子"互动关系诱发了两个儿子之间的冲突。这个刻意维持公平的母亲，带着焦虑与孩子相处，把解决孩子的纷争视为自己的责任，急着让孩子们再度觉得公平，扛起焦虑阻隔者的角色，也让孩子们丧失学习自行调解冲突的机会。她企图维系天平两端的一举一动，反而促使两个儿子持续较量。

连锁三角关系（interlocking triangles）

当家庭成员超过三人时，这个家庭可能有多个相连的三角关系。当家庭中的主要三角关系有过高的焦虑时，焦虑可以流动至另一个相连的三角关系。在"父—母—子"的三角关系中，当父子冲突激烈，疲惫的母亲暂居局外时，孩子可能转向祖母求援。一旦祖母干涉父亲的管教，冲突就移转到父亲和祖母之间，焦虑流动至"父—子—祖母"的三角关系中。焦虑之所以能从一个三角关系流动至另一个相连的三角关系，是因为被牵扯的第三方

（祖母）情绪不中立。

　　家庭中的三角关系也可能蔓延到家庭之外。在"父—母—子"的三角关系下，孩子在学校行为脱序，导致辅导老师介入。如果辅导老师无法情绪平和地保持客观，直接认定孩子行为不当，并要求父母对孩子严加管教，孩子的父母可能转而责怪老师，指责他根本不了解孩子的实际状况。父母与辅导老师对立，焦虑便由"父—母—子"的三角关系流动至"父—母—老师"。如果这个孩子的脱序行为违法，执法人员介入或被新闻媒体披露，焦虑也可能蔓延扩大到社会层面，例如当初台北的城市地铁杀人事件，整个社会都因此动荡不安。

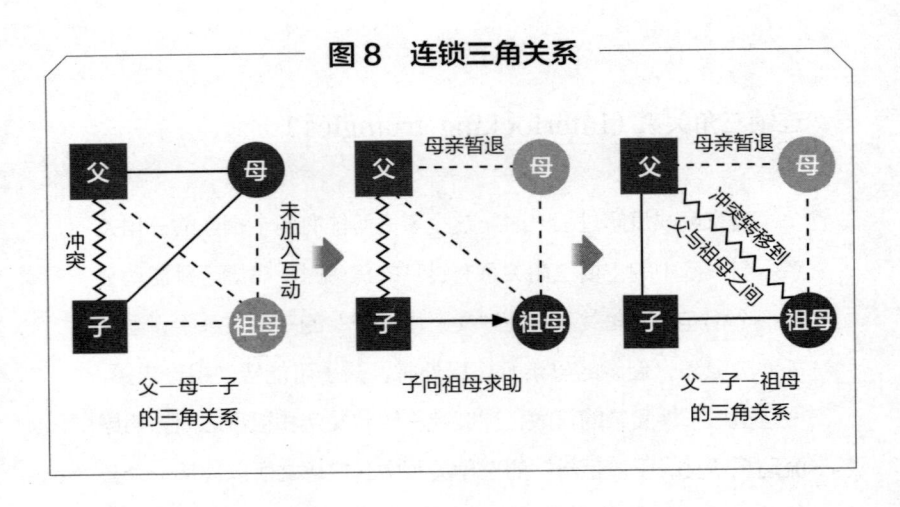

图8　连锁三角关系

父—母—子
的三角关系

子向祖母求助

父—子—祖母
的三角关系

自我检视

- 请举出有人试图把你"三角化"的例子,说说你是如何维持情绪中立,"去三角化"的。

- 请举出家中三角关系转移,形成连锁三角关系的例子。

11 如何保持情绪中立？

面对三角关系，要如何保持情绪中立、"去三角化"？除了前文所提的觉察自己的情绪、与双方保持冷静平和的接触、不偏袒任何一方外，家庭系统论进一步提出三个行动原则。首先，由改变思考方式开始，舍弃传统的因果观，克制立刻归咎于问题起因的习惯，改以系统观的方式观察人际互动过程。其次，用清楚的语言、肢体表现或行动，传达自己情绪中立的态度。再次，放弃自认的"应该"或"不应该"，不强迫他人照自己的要求行事。

舍弃传统的因果观

家庭问题是家庭系统运作的结果，很难将某一个人或某一件事归咎为"因"，要退一步，观察互动，找出根源。如果一位心力交瘁的母亲向外求援，她诉说就读初中的儿子患有阿斯伯格综合征，不愿出门与人互动，在家里经常情绪性地尖叫，先生回应孩子尖叫的方式是动粗，孩子向妈妈诉苦"我现在只是打不赢……"，采用系统观，身为局外人的我们可以更全面地先了解这个家庭"父—母—子"的三角关系如何互动，以及在这个三角关系之外是否还牵扯其他人，是否有多个相连的三角关系。如果急着指责这个家庭的先生使用暴力，不知如何与儿子相处、同情无可奈何的母亲，或归咎于儿子的固着行为，那么就是只看见事情的部分面貌，而忽略了问题的全貌。

传达情绪中立的态度

当我们能用系统观看家庭互动，就比较容易保持情绪中立。情绪中立不是骑墙派的中立，更不是不做判断或不表达立场。对这个家庭的问题可以清楚地表达立场，同时保持情绪中立，不偏颇地同情某一方为受害者，或指责某一方为罪魁祸首。情绪中立的第三方可以清楚地表达不赞成父亲以暴力解决问题或儿子以尖叫表达不满的方式，但不会把家庭问题归咎于父亲或儿子，而是告诉他们应该怎么做。家庭问题通常是所有成员都有责任。

如何传达情绪中立的立场，并没有一定的准则，很难光靠听讲快速学会，需要在生活当中不断试验，要把握住目标是协助发生冲突的双方面对彼此,承担他们自己的责任。心力交瘁寻求援助的母亲需要支持:从她的诉苦可以推敲出,她认为儿子的固着行为和先生对儿子的暴力相向是家庭的主要问题。在她的描述当中,我们听不到她自己的角色与责任。

接下来应仔细询问以搜集更多信息。儿子出生后,一岁就交给外地的外公、外婆照顾。夫妻俩之后生了一个女儿,女儿白天由保姆照顾,晚上由妈妈照顾。当时夫妻的感情状态还好。儿子由外公、外婆照顾到上小学才被接回来。儿子回来后,生活起居的安排是晚上睡在父母中间,女儿睡自己的房间,后来变成父亲睡到别的房间,母亲和儿子同睡。儿子升上中学后有了自己的房间,母亲偶尔仍陪儿子睡。夫妻俩的感情大约是在儿子搬回家住时开始恶化的。目前父亲甚少回家,但父亲与女儿的相处没有问题。

由前述这些信息,对这个家庭的关系可以做出一些推测,然后根据这些推测搜集更多信息加以验证或推翻。儿子六岁前,处于"外公—外婆—孙子"的三角关系。根据孙子在华人文化中通常是受宠的角色的观念,可推测儿子和外公、外婆的情绪相互牵动,无益于儿子的情绪分化。

儿子回到自己的原生家庭后,主要三角关系是"父—母—子"。由一个家庭如何安排睡觉的位置,可以推断家庭成员的同盟关系。母子同睡可能是母亲和儿子情绪联结紧密,形成同盟,但过度的紧密关系也有碍孩子发展自我。根据家庭系统理论,形成的初步假设可能如下：被排挤在母子同盟外的父亲，不自觉地以教训儿子来争夺同盟位置，或者在父子对立时母亲急着介入，捍卫母子同盟关系。

面对主动寻求支持、想突破现状的母亲，情绪中立的第三方的目标是让这位母亲看懂自己家庭的互动模式，认清自己在这三角关系当中担任的角色，由自己开始停止习惯性的反应。"你认为现在的问题是什么？""你也想做些什么，改变这样的状况吧？"以类似前述情绪中立的提醒，引导这位母亲把心思放在寻找自己可以有的作为上。

放弃"应该如何"的成见

情绪中立的第三方不需要在这位母亲还不愿意承担自己的责任时，告诉她"应该"怎么做。告诉他人"应该"怎么做，让对方不需要自行思考，无助于他人的自我成长。如果这位母亲愿意尝试行动，给她建议的目的，是协助她看清家庭情绪历程，例如：建议她记录孩子每次尖叫时家庭的互动状况。如果真的有必要给予具体的行动建议，通常也是建议对方克制自己的惯性反应，例如：请这位母亲试着不要介入先生与儿子之间的冲突。

如果这个家庭的互动状况与先前的推测相符，第三方可以幽默地指出："你是在和自己的儿子谈恋爱，你的先生当然会攻击这个小情敌。"以通俗的比喻协助这位母亲看清自己在三角关系中扮演的角色，但不判定这种行为的对错。等这位母亲认清自己该承担部分责任，并寻求改进之道时，第三方可以尝试问一些问题，引导她思考在三角关系中如何自我管理，包括："自己为家庭互动模式带来什么影响？""自己如何将关系三角化？""自己如何改变在三角关系当中的角色？"第三方的目标是协助这位母亲自行寻找解决之道，思考自己可以做些什么以维持情绪中立，同时跟先生和儿子保持沟通。

应用系统观了解家庭的互动模式，大致明白问题的全貌之后，下一步才是针对家庭的特殊之处，微调相处之道。以这个家庭而言，了解了家庭中的三角关系，母亲愿意尝试维持情绪中立，对儿子适度放手后，她可以进一步针对儿子特殊的行为模式，试着想象如果自己是儿子，会希望母亲如何与自己互动。母亲可以学习只规范儿子最重要的与家人相处的原则：不以尖叫表示不满。放手不代表儿子就会没问题，成长过程总是会遇到问题。可以确定的是，当孩子只需面对自己的问题，无须承担母亲的挂碍时，他的表现会更好。母亲的挂虑与无法适度放手，不仅无济于事且有碍孩子的自我分化。而在跟先生相处的状况上，应用系统观可以协助这个母亲思考：到底是哪些事件触发她采取与先生疏离或对立的态度？她的哪些行为诱发先生的情绪反应？有什么方式能与先生保持联结，又能保持自己的冷静？

当这个母亲能够冷静地与先生、儿子相处后，原本"父一母—子"的三角冲突，只剩下"父—子"的冲突对立。这个母亲最需要练习的是在父子剑拔弩张之际保持冷静。单纯地什么都不做，冷静观察父子冲突时的互动模式，这也是一种学习。接受而不是抗拒父子间的紧绷关系，让这个母亲面对父子冲突时可以保持平静。她可以继续与先生或儿子对话，并在对话过程中多花一些精力聆听。当先生表示对儿子的情绪失控极为恼怒时，她可以先冷静地同理先生的恼怒，接着陈述自己对儿子的观察发现："在不强迫儿子放弃某些无害的固着行为时，他比较不会失控。"与儿子相处时，她也设定最低标准，鼓励他找出合适的方式来表

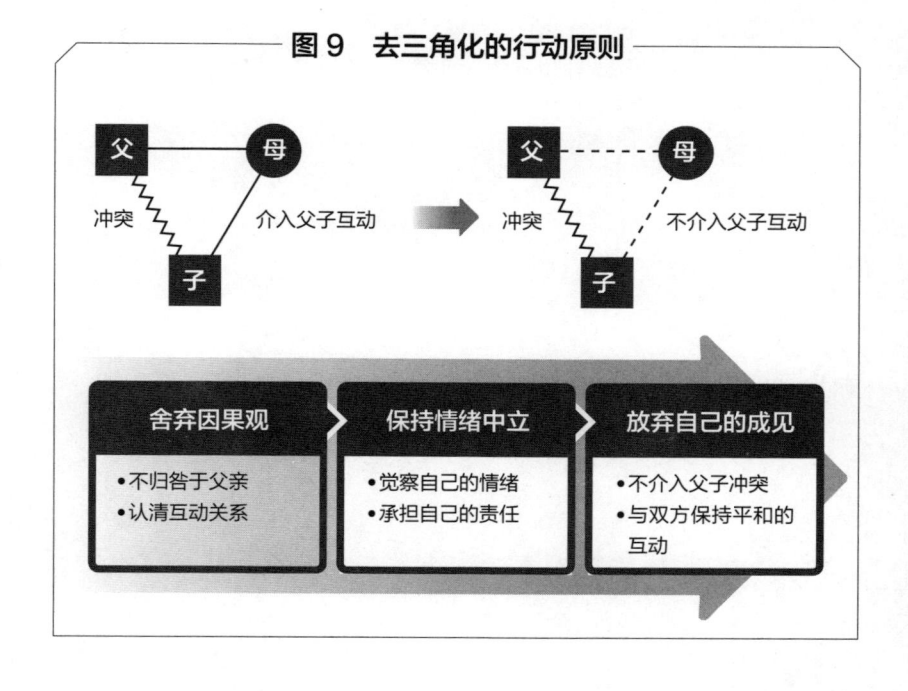

图9　去三角化的行动原则

父—母（冲突）—子　介入父子互动　→　父----母（冲突）—子　不介入父子互动

舍弃因果观	保持情绪中立	放弃自己的成见
• 不归咎于父亲 • 认清互动关系	• 觉察自己的情绪 • 承担自己的责任	• 不介入父子冲突 • 与双方保持平和的互动

达自己的抗议。她诚恳地期待父子二人能找到消弭冲突的相处方式，但不在做法上予以指导或命令，不承担父子自行寻找解决方法的责任。

虽然跟儿子的相处需要特殊的调适应对，但思考问题时直接跳到与儿子相处的技巧，是见树不见林，并非对症下药。运用系统观搭配对阿斯伯格综合征的了解，经过一段时间的练习，这个母亲不再为父子的互动忧心忡忡。她专心过好自己的日子，管好自己的问题。渐渐地，先生看到太太改变的好处，与太太能和谐相处后，也学习对儿子放手；儿子也比较能够冷静地与父母相处，变得能更好地安排自己的生活，而非情绪性地叛逆反抗。

自我检视

- 最近有人遇到人际关系上的困扰，向你求助吗？

- 你有试着推测问题的因果关系吗？

- 你有试着告诉对方怎么做吗？

- 如果重新来过，你会如何回应？

自我检视

- 反之,你最近曾因为人际关系上的困扰而向他人求助过吗?

- 对方有试着推测问题的因果关系吗?

- 对方有试着告诉你应该怎么做吗?

- 你觉得对方提供建议时,是否保持情绪中立?如果感觉对方情绪不中立,请试着描述对方的偏袒行为。

第五章

跨代传递
——原生家庭的影响

家庭是一个复杂社会的缩影，与父母的关系、与手足的关系则是个人最早的社交关系。每一个人都是带着幼时习得的态度和情绪印记，解读成长后的经历。幼时经验形塑了个人特质。

12 家庭中的手足角色

她是家中长女,被父母灌输了许多"大姐应该如何"的观念,自幼承担照顾弟弟的责任,婚后也仍然持续照顾娘家的父母和弟弟,时常回家探视父母,甚至帮么弟还赌债。么弟自小受父母宠爱,父母出资帮他开修车店,他手头有了钱,开始迷上赌博,输钱时跟非法金融机构借,还不起高利贷时逃跑失联,让父母和大姐替他面对讨债集团的骚扰。

同样的家庭,养出来的孩子可以天差地别。

对孩子而言,家庭从来都不是一个同质的环境,反而更像是一个复杂社会的缩影。在家庭生活中,孩子们就跟进入社会一样,同样要面对权力地位的竞争,同时也要学习相互扶持。在同一个家庭长大,除了性别、出生顺序,各自的出生时机、父母期待、手足数目、出生间隔、相处时间,以及当时的家庭生活环境、经济状况等等,都可能让每个孩子的家庭经验迥然不同。即使面对相同的事件，每个孩子也因角色不同而有迥然相异的体验、反应和行为。日复一日的重复反应和行为烙印于情绪系统中，形成手足各异的个人特质。

虽然我们很难光靠手足角色预估一个人的特质，但以手足角色的典型特质为依据，再考量个别家庭的特殊因素，仍有助于推测孩子在家庭情绪历程中扮演的角色。本章描述不同孩子在家中位置的典型特质，个人可用以检视自身或手足的特质是否符合这些描述。如果认为有些特质不符合，可以思考有哪些特殊经验造成自己或手足的表现与典型特质不同。

鲍文并未对手足角色提出自己的理论，主要是引用奥地利心理学家沃尔特·托曼（Walter Toman）的研究。本文综合整理包括沃尔特·托曼和美国心理学家弗兰克·苏洛威（Frank Sulloway）在内的不同学者对手足角色的论述并加以说明，这些说明有助于个人从更全面的角度了解自己以及家庭系统。

手足性别差异

在重男轻女的文化中，父母无意间传递给儿子和女儿的价值观迥异。男孩通常比较受家庭重视，将来要对外发展，要带给家庭荣耀和社会地位。女孩则被赋予照顾家人的角色，未来要扶持自己的新家庭。父母的期待不同，兄、弟、姐、妹的角色也十分不同。以女儿为例,姐妹中的姐姐或妹妹、姐弟中的姐姐,或兄妹中的妹妹,他们的手足经验模式会不一样。

家中有异性孩子时,如果是一对兄妹,哥哥通常较受家长的重视和栽培,被赋予彰显家庭地位的责任,哥哥也倾向于以忽略或捉弄的方式对待受父母宠爱,但不用承担太多责任的妹妹。如果是姐弟,姐姐容易被家庭赋予照顾享有特殊地位的弟弟,倾向于嫉妒弟弟享受特权。

家中只有同性孩子时,兄弟、姐妹间的关系更是受许多因素(包括年龄差距、相处时间长短、彼此间为了得到父母注意的竞争等)的影响。手足间的关系或许是亲密知心、无话不谈,相互竞争、吵吵闹闹,或是一方照顾、领导,一方依赖、追随。

手足排行位置

老大: 身为家中第一个出生的孩子,长子或长女在弟妹出生之前,拥有父母所有的注意力,这是弟妹们没有的经验,但有时他们所承担的责任,也是手足中最沉重的。如果家庭赋予老大照顾、管理弟妹的责任,这些经验会让他们成为好的领导者,但过多的责任也会让他们养成避免失误的习惯,容易出现过于负责和谨慎的特质。

虽然长女和长子都肩负老大的责任,但家人对女儿的期望不同,即使对长女赋予照顾弟妹的责任,她却没有如长子般享有家中的特权。如果孩子都是女生,长女才比较有机会承受家中光耀门楣的期许。而长女之后的第一个男孩,角色通常比较类似长子。

老幺: 家中最小的孩子,通常受父母宠爱又不需担负过重的家庭责任,也不必承受父母过多的期许。没有压力,老幺通常比较无忧无虑,不受常规拘束,愿意尝试别人不敢做的事,较能展现创意。这种特质在手足众多的家庭当中尤其明显。

在只有两个孩子的家庭中,如果他们年龄相近,则会被父母以"一对"的方式对待,老幺的特质就相对不明显。如果他们年龄差距大,较大的孩子离家后,老幺会有一段时间成为家中唯一的孩子,有独享父母关注的机会,时间够长也会出现独生子女的特质。如果父母过度宠爱,尤其是有众多姐姐的幺子,或有众多哥哥的幺女,常自认是家中的焦点,容易把他人的照顾、拥有的事物视为理所当然,长大后经历外面的现实容易感到挫折与失望。

中间子女: 排行在中间的孩子,既不是父母寄予厚望的老大,也不是父母宠爱的老幺,在这个位置容易感觉自己被家人忽略,特别需要努力留下印记,争取自己在家中的位置。

他们不像老大可以直接运用权力领导弟弟或妹妹,也不像老幺可以放纵自己恣意挥洒。身处中间,家庭中没有站在自己这边的势力,他们比较容易发展出平稳圆融的性情,在成长过程中练习通过合作与协调,团结家中的次团体。这种经验有助于中间子女发展出杰出的沟通协调能力。中间子女的特质在家中孩子都是同性别时尤其明显。如果中间子女是家中唯一的男孩或女孩时，他的中间特质相对不这么典型。

独生子女：独生子女享有父母所有的关注，也是父母寄予厚望的对象，他们可能同时拥有老大的严谨和责任感，以及老幺自觉应受重视的自负。他们的成长过程如果缺少同侪相处经验，会习惯亲近成人，寻求成人的赞许和关爱。与大人相处机会较多的他们，很早就会出现小大人的言行举止。他们通常会与父母保持亲近的关系。如果是父母过度保护的独生子女，过度的情绪融合会让他们比较容易焦虑。

独生子女最大的挑战，是学习跟同年纪的朋友建立稳定和谐的长期关系。他们的个性一般来说比较独来独往，缺乏努力维系同侪关系的经验，较难长期和朋友、伴侣维持亲密关系。

手足相处时间

相处时间对手足关系有很大的影响。兄弟姐妹童年时期的相处时间越长，彼此关系越密切。同性别且年龄相近的孩子，通常会被父母以"一对"的方式对待，穿一样的衣服，拥有共同的玩具，共享父母的注意，他们会有很长的相处时间，一起上学、一起玩等等。相对地，出生时间差距大的手足，彼此相处时间相对较少，一个可能已经上学有自己的朋友，另一个可能仍在母亲的怀抱中，共享经验不多。

年龄差距大，除了分别经历各自的发展阶段，可能成长过程中经历的家庭演变历程也不同。同一个家庭，年龄较大的手足，幼时经历的可能是经济不宽裕，但有全家经常一起出游的亲密家庭生活；年龄较小者，出生时家庭可能已变得富裕，经历的是父母事业有成，但与孩子相处时间少的生活。在很多方面，两个年龄差距大的孩子，手足共享经验少，会让他们各自的经历更接近独生子女的经历。

此外，家庭的特殊状况，如父母离异各自抚养一个孩子，可能让两个年龄相近的孩子分开，相处时间变少，导致二人关系疏离；或父母发生意外无法照顾孩子，让较大的孩子必须扛起照顾者的角色，年龄差距大的两个孩子变得相互依赖且关系紧密。这些特殊的手足经验，都是在预估手足特质时需要考量的变因。

手足出生时机

如果一个孩子出生时，正值家庭发生重大事件，这也会影响家庭成员对他的期许或与他的互动方式，家庭成员因而会放大或改变手足位置的特质。例如：老二出生不久，老大意外过世，老二的角色可能更像老大或独生子女。或者老幺出生时，正逢家庭变得宽裕，他可能被视为幸运儿而更受宠爱，让老幺的特质更加明显。相反，如果老幺出生不久父亲中风，处于家道中落慌乱之际，母亲无暇细心呵护这个孩子，老幺的特质也可能变得比较不明显。如果是母亲流产多次后才出生的老大，也可能成为母亲过度保护的对象，从而改变了老大的特质。

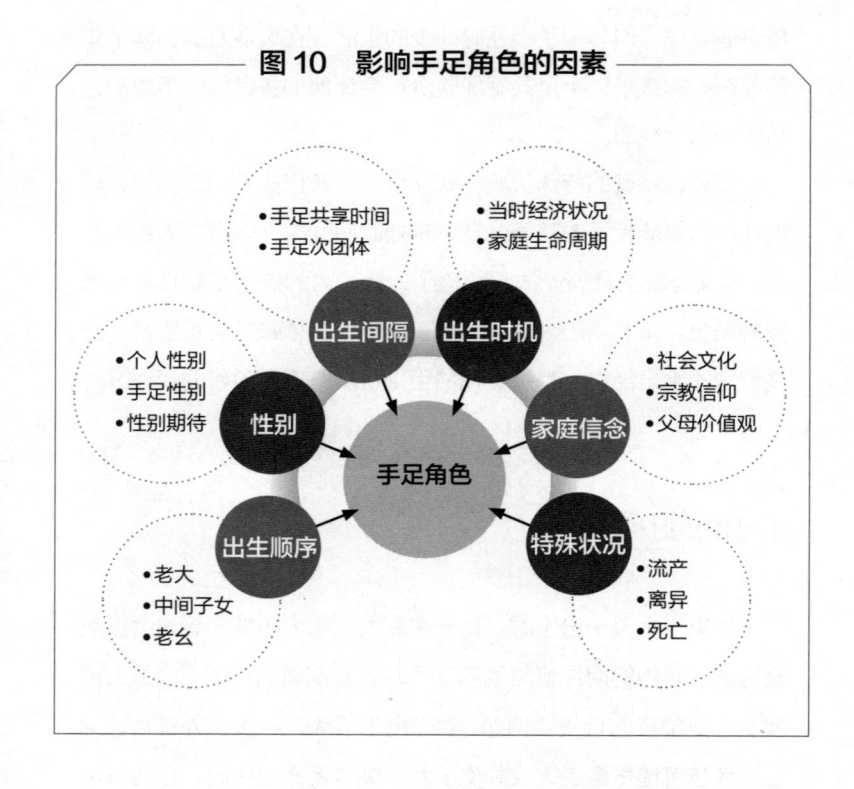

图 10　影响手足角色的因素

- 出生间隔
  - 手足共享时间
  - 手足次团体
- 出生时机
  - 当时经济状况
  - 家庭生命周期
- 性别
  - 个人性别
  - 手足性别
  - 性别期待
- 家庭信念
  - 社会文化
  - 宗教信仰
  - 父母价值观
- 出生顺序
  - 老大
  - 中间子女
  - 老幺
- 特殊状况
  - 流产
  - 离异
  - 死亡

→ 手足角色

每一种手足角色都具备某些优势，也有其限制。个人自我成长的目标是保留手足角色带来的优势，超越角色限制。了解手足位置的典型特质，并观察自己惯常的互动方式，有助于个人发觉自己早年养成，但现今已不适用的自动化反应，进而努力修正。如果个人能突破手足角色特质带来的限制，往往可以促进自我成长，增进人际关系。

自我检视

- 你在家中的排行位置如何？

- 你有哪些特质符合一般手足位置的特质？

- 你有哪些特质不符合一般手足位置的特质？

- 造成不符合的因素可能是什么？

13 手足角色与家庭关系

如果家庭是一个复杂社会的缩影,与父母的关系、与手足的关系就是个人最早的社交关系。年幼时由日复一日的手足互动习得如何分享、关怀与竞争,这些经验变成习惯,塑造个人特质。人的本能倾向是安于旧习,长大成人后,挑选的伴侣常是能符合自己早期习惯的人。若是伴侣关系与手足关系相似,习惯使然,相处起来会更自在。

手足位置与伴侣关系

由手足位置建构出来的最理想伴侣关系,应该是同时具备位置互补和拥有异性兄弟姐妹的组合,例如:先生为家中老大且有妹妹;妻子是家中老么且有哥哥。双方都有与异性兄弟姐妹相处的经验,身为老大的先生习惯扮演照顾者或领导者,身为老幺的妻子习惯扮演被照顾者或追随者。反过来,妻子是老大且有弟弟,先生是老幺且有姐姐,也是相当契合的互补组合。这样的伴侣关系与原生家庭的互动经验相近,虽然无法保证婚姻一定幸福,但双方相处起来通常会比较轻松自在。

静娴夫妻就是手足位置互补的典型组合。静娴是家中长女,自小被赋予照顾两个弟弟的责任。先生是家中老幺,上有大姐、二哥,习惯接受家人照料,比较无法体会家人的压力和烦恼。在手足位置的契合上,一个是会照顾弟弟的长姐,一个是惯受姐姐照顾的幺弟,原生家庭养成的习惯得以互补。婚后,静娴继续扮演照顾家人的角色,先生则继续展现无忧无虑的老幺特质,习惯说理劝诫家人,却少有照顾家人的实际行动。这样的组合,女方主导家庭大小事,做主前她会知会男方,男方通常会同意,他也喜欢女方的建议与鼓励。夫妻的互动与各自在原生家庭的手足互动相似。

在婚姻的手足位置配对关系中,并非每个组合都是复制原生家庭的经验。通常自我分化越不成熟的人,在选择结婚对象时,越容易不自觉地受原生家庭养成的习惯支配。自我分化越成熟的人,越能摆脱不自觉的习惯。

除了手足位置的配对,其他特殊经验也会影响伴侣的契合度。舒亚夫妻的状况就比较特别。舒亚是家中的老幺,有哥哥;先生是老大,有妹妹。理论上这是契合度最高的手足位置配对组合。一般来说，这样的组合很少争执，而且在家庭分工上彼此能够相互支持。但舒亚与兄长年纪差距大，兄妹共享经验少，她的特质更像独生女，讨厌被干涉，习惯不受拘束。舒亚的先生虽是老大，但原生家庭的两个妹妹年纪相近，妹妹们彼此亲近形成次团体，加上他的父母照顾儿女亲力亲为，对唯一的儿子更是用心栽培，甚少赋予儿子照顾妹妹的责任，他与妹妹们的互动多是捉弄，照顾者特质不明显，更像是想逃离父母掌控的独子，习惯于反抗他人的约束。虽然他们是长子与幺女的组合，但特殊的经验让舒亚夫妇的相处在某种程度上也接近独生子、女的组合。

独生子与独生女结合，双方都缺乏圆融的手足互动技巧，彼此较难相处得好。他们一方面想融入对方的生活，另一方面又比其他组合的伴侣更在乎个人空间。两人会期待对方与自己相处时能像个成熟的朋友，但这种期待经常落空。

舒亚和先生的伴侣关系，同时有长子与幺女以及独生子女结合的特点。双方都期待对方的关注与支持，但特别厌恶受拘束。结婚初期，虽然婚姻关系限制个人自由，但是彼此愿意为新家庭相互配合，没有人抱怨双方不够亲密或缺少个人喘息空间，相处上怡然自得，有长子与幺女组合的特点，两人能分工配合。可是等两个人有了小孩，家庭生活压力升高，便冲突时起。舒亚指责先生"幼稚"，先生回骂舒亚"骄纵"，气头上他们只想重重伤害对方，此时两个人又展现出独生子女的特质。

中间子女如果在原生家庭中有多重角色的练习经验，往往是

表4　手足位置与伴侣组合

	理想的伴侣组合	难相处的伴侣组合
手足位置是否互补？	• 互补位置。 • 老大与老幺结合。 • 老大习惯扮演领导者，老幺习惯扮演追随者。	• 相同位置，非互补。 • 老大与老大结合，或老幺与老幺结合，或独生子女结合。 • 双方习惯的角色相同。
是否拥有异性手足？	• 有异性手足。 • 自小拥有与异性同辈相处的经验。	• 没有异性手足。 • 在原生家庭中缺乏与异性同辈相处的经验。

相处起来很有弹性的伴侣。

在其他手足配对没有那么互补的伴侣关系中，老大与老大的结合就可能出现较多冲突。原生家庭手足众多，又被赋予照顾弟妹责任的长女，可能会被一个有领导特质的老大吸引，相处初期，对方可能让她有"终于可以卸下重担"的舒适感，但随着时间的流逝，她可能对他的支配与权威不服，因为身为长女的她早已习惯管理自我，为自己做决定。

最容易出现问题的组合，可能是有很多哥哥的幺子与有很多姐姐的幺女结合。这样的组合，双方都缺乏与异性长期相处的经验，且各自都等着被宠爱与被照顾，很难在彼此的相处中满足自己的期望。

手足位置的跨代传递

原生家庭的手足角色也影响个人对子女的教养态度，有跨代传递的效果。

父母会不自觉地认同与自己手足位置相同的子女。当家中的男孩与父亲的手足位置相同时，或女孩与母亲的手足位置相同时，父母会特别强调他们的手足位置。

如果父母是众多手足当中的老大，自觉幼年时辛苦承担照顾弟妹的重责，弟妹却可以"不负责任、不受管教"，日后其有自己的孩子时，可能会特别同理老大的处境，并严格要求其他年纪小的孩子要顺从听话。同理，如果幼时嫉妒么妹受宠，有了自己的子女后，父母可能对么女的哭闹特别有成见。另外，如果某个孩子跟父母过去敬爱的长辈在长相或特质等方面相似，父母也可能特别认同这个孩子。

要是过于认同某个孩子，父母会将自己在原生家庭的互动习惯延续到下一代，形成跨代传递。例如：一个幼时经常被哥哥管束欺负的么妹，长大后身为人母，可能总认为自己的儿子在欺负妹妹从而对其加以干涉，久而久之，这对兄妹会接受母亲的想法，"照章行事"，上一代的互动模式就在下一代重演。

身为父母，也可能因自己在原生家庭成长的经验而错误解读孩子的行为。以独生子女长大后成为父母为例，他们可能误认为手足间正常的打闹行为是异常的脱序行为。父母的判断与观点，会通过其言行举止传递给孩子，孩子接收这些讯息，久而久之就表现得如同父母的判断一样，这是心理学上自我预言的实现。

在现实生活中，每个家庭都有其特殊之处，这些手足位置的"典型特质"有许多变异。在现实中判断一个家庭的互动模式，还是要实际观察搜集更多的信息。手足角色只能作为参考，帮助观察者形成假设，假设是否成立，还需事实验证。

例如：舒亚夫妻唯一的女儿出生后，这个女儿是否具有独生女的特质？舒亚家庭中上一代的行为特质是否传递至下一代？这些猜测就是假设，需要搜集信息来验证。

仔细观察可以发现，舒亚的女儿自小独享父母的所有关注。舒亚在女儿年纪很小时就让她参与家庭的许多决策，小至晚餐要吃什么，大至要选择哪个学校就读。舒亚先让女儿表达偏好，意见相左时则说之以理。先生对女儿更是照顾保护周全，喜欢与女儿斗嘴辩论，同时扮演照顾者以及玩伴的角色。

舒亚夫妻以平等的态度对待独生女，女儿视父母的爱护为理所当然。女儿在成长过程中缺乏手足相处经验，常觉得同年纪的朋友想法幼稚，很早就出现小大人的言行举止，说起话来常有"因为……所以……但是……"这样的说理习惯。女儿和父母有相似的特质，习惯于讲道理，讲究公平，缺乏同理和待人的宽容。

舒亚先生的父母与孙女相处，也一样对她抱持平等的态度，聊天时，孙女不同意爷爷奶奶的说法会直接反驳，长辈也不介意地继续辩论。舒亚先生的父母当初也是这样跟子女互动，对孙女则更加纵容。观察至此，除了发现假设成立，还能了解独生女的特质是怎么养成的，上一代的亲子互动模式又是如何在下一代重现的。

自我检视

- 了解父亲和母亲的手足位置。从理论上来看,父母的手足位置配对关系是否契合?

- 实际观察、发现父母亲的伴侣关系契合度如何。

- 如果理论与实际有不吻合之处,推测可能的原因是什么。

14 慢性焦虑

宪文夫妻为了如何付款买车而争执，双方各执己见，急于说服对方。宪文希望取出定期存款来支付，这样每个月就没有分期付款的压力。妻子强烈反对动用定期存款，强调定期存款解约的利息损失高于分期付款的利息。其实不管以哪种方式支付，都不会影响家庭生计，但双方都坚持不让步，不禁让人怀疑这对夫妻到底在担心什么。

分别探究两人的原生家庭经验：

宪文的父母严格管控生活消费，一直告诫孩子家里收入不够，全家只有重要节日才能吃大餐、买新衣。吃大餐和买新衣成了宪文愉快经验的象征。宪文幼时无法从严厉的母亲身上得到关爱，因而学会在情绪低落时，吃一顿大餐或买一些新衣抚慰自己。对宪文而言，钱的意义是要能随时使用，让自己过得舒适，他担心分期支付的方式会让他们每个月需要省吃俭用，无法享受生活。

妻子的原生家庭生活则相反。她的父亲靠买卖股票赚钱,他缺乏投资远见,收入不稳定,花钱却花得随心所欲,经济好时全家会去高级餐馆用餐,参加豪华旅游,买名牌衣物,而非未雨绸缪规划储蓄。她对这种缺乏自律的生活方式一直有很大的焦虑。对她而言,动用定期存款代表生活无法自律,这让她下意识会担忧。

宪文夫妻在争执用哪种方式付车款时,他们都没有办法清楚地觉察和表达自己内心的焦虑,只是想以道理说服对方,沟通像两条平行线,无法达成共识。他们的道理无法抚平对方内心真正的忧虑。

焦虑蔓延

情绪是一种身心反应,维持生命运作的本能也属情绪系统,负责在面对危机时迅速启动生存保卫战。感觉是可意识到的情绪,为生活带来能量与动力,快乐、愉悦、温暖、哀伤、忧郁、焦虑的感觉为生命添加色彩。情绪和感觉是人类生命不可或缺的重要反应,但强烈的负面情绪和感觉却也能破坏关系。鲍文将愤怒、生气、不安、害怕、紧张、烦躁、怀疑、猜忌、沮丧、悲伤、忧郁等负面感受统称为"焦虑"(anxiety)。

人的一生不可能无忧无虑，生活中不可避免地会感到焦虑。焦虑是个人面对压力时负面情绪升温的反应。压力可以是来自家庭系统或个人系统之外（如经济不景气、战乱），也可以来自家庭系统内（如亲人死亡）或个人内心（如害怕不被认可）。焦虑可能是慢性的，多年来或多个世代不自觉地随着家庭系统传递，也可能是急性、短暂的，因当下的变动而起（如看到一条蛇）。

长期的焦虑也称慢性焦虑（chronic anxiety）。慢性焦虑升温容易使系统失衡产生症状。慢性焦虑如果在整个家庭系统中蔓延升温，其症状可能是家庭三角关系联结更紧密，或家族中经常出现情感疏离、情感截断、激烈冲突等症状。慢性焦虑的升温如果局限于个人，个人可能出现严重的生理、心理或社交症状，例如慢性焦虑可能改变个人体内的细胞、器官或器官系统的运作而导致生病，或导致忧郁或思觉失调，或使个人在行为上表现出暴力或强迫症等症状。

宪文夫妻各自的焦虑源于幼时经验（家庭系统内、个人系统外），以及他们各自对幼时经验的解读（个人系统内）。这些慢性焦虑虽然存在，但在他们决定买车之前并不明显，他们实际上也付得起车款。就实际经济状况理性判断，并不需焦虑，但"解除定期存款—无法自律"或"每月可消费额度减少—无法享受生活"这些事件产生的联想不自觉地让慢性焦虑升温。如果两人无法觉察对方的焦虑，强迫一方顺从另一方的意见，另一方的焦虑依旧存在。

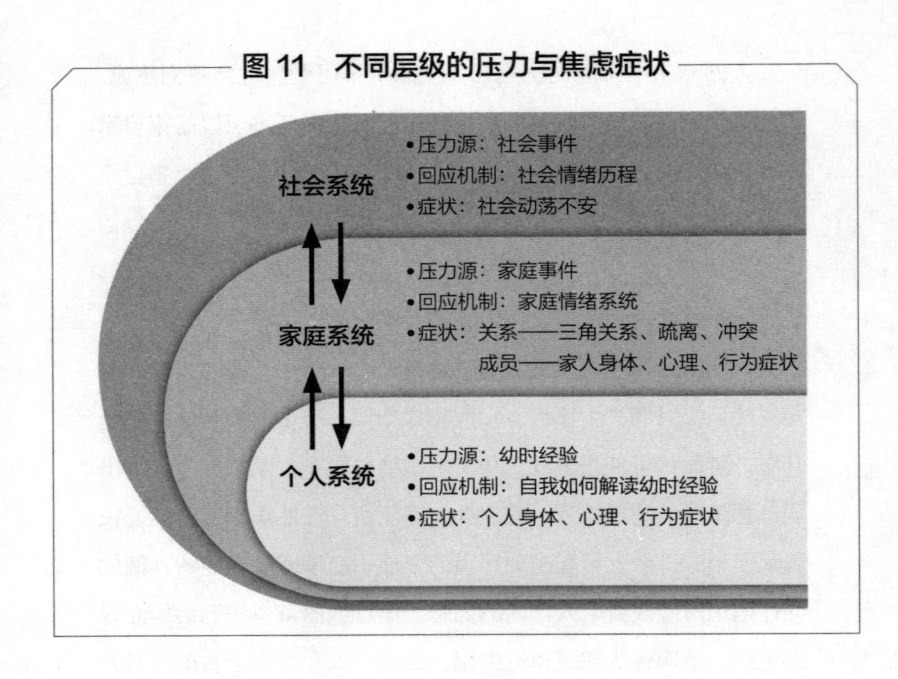

图 11　不同层级的压力与焦虑症状

社会系统
- 压力源：社会事件
- 回应机制：社会情绪历程
- 症状：社会动荡不安

家庭系统
- 压力源：家庭事件
- 回应机制：家庭情绪系统
- 症状：关系——三角关系、疏离、冲突
  　　　成员——家人身体、心理、行为症状

个人系统
- 压力源：幼时经验
- 回应机制：自我如何解读幼时经验
- 症状：个人身体、心理、行为症状

幼时经验

婴儿出生时已具备产生焦虑的生理机制，婴儿与父母的情绪融合，父母的焦虑能感染婴儿，婴儿对父母焦虑的反应，也会反过来影响父母。通过家庭互动系统，孩子在生理上习得焦虑反应，心理上也接收这个家庭传来的态度和信念。如果家人认为自己的孩子相貌平凡，在言谈中有意无意地暗示他将来没办法靠外表占得优势，要靠自己的努力争取成就，他长大后自然而然对自己的外表缺乏自信。反过来，如果家人一直发出孩子很棒、样样杰出优秀的讯息,孩子也会表现出超乎常人的骄傲。

每一个人都带着幼时习得的焦虑印记生活,以此解读成长后的经历。

同样一件事,有些人会感觉到压力,有些人却没有特别的感觉。一个人如何感知压力,一生会承受多少慢性焦虑,主要受幼时经验影响,与目前的生活未必相关。倘若孩子年幼时,父母常在提高嗓门之后责打他,孩子长大后,身旁有人提高音量,过去经验形成的"高音量—责打"联结,就可能激发他强烈的焦虑感。尽管他长大后的生活已经没有暴力威胁,他的焦虑反应已经不合时宜,但高音量作为警铃的焦虑反应早已烙印在他的神经系统中,高音量随时可能触发他的焦虑。

宪文夫妻幼时的经验让他们产生不同的焦虑印记,影响他们对压力的诠释。对宪文而言,每月付车贷省吃俭用是一种压力;对宪文的妻子来说,缺乏自律为生活花费解除定期存款是压力。这都跟他们目前的经济状况没有太大关联。

对负面情绪的误解

家庭中的焦虑氛围极具感染力和穿透力,即使父母极为小心,想保护孩子不受大人影响,这些保护措施也大多枉然,反而让情况更糟。例如:一位满怀焦虑的母亲,不想让孩子受自己影响，面对孩子时总是刻意强颜欢笑，让自己的言行举止依照教养书中的父母守则，轻声细语、温柔讲理。但孩子普遍对照顾者的情绪感知较为敏感，依旧能感觉到母亲的焦虑。面对焦虑的母亲所展现的笑容，孩子接收到矛盾的讯息，反而容易困惑，让他怀疑自己的感觉，或误解感觉的适当表达方式。

负面情绪不是问题，造成问题的是负面情绪所带来的不当行为。

负面情绪有它的价值和功能。有些人可借由悲伤深思，从失去中获取教训，更加珍惜自己所拥有的。恐惧也可以提高个人灵敏度，让人警觉潜在问题，准备好战斗或逃避。嫉妒让人知道自己想要的是什么，以及想要的程度。综合来说，焦虑有其功能，可以让人更加谨慎地审视自己，避免重大失误。

有些父母不认可负面情绪，其实是不认可负面情绪所带来的不当行为，是误解了负面情绪，没有深思负面情绪背后所代表的心理意涵。只要孩子出现负面情绪，这些父母就会想尽办法控制这样的情绪。控制的方法很多，以常见的斥责威胁和讨好屈服为例说明：

如果父母选择斥责威胁，命令孩子赶快收起"不恰当"的情绪，孩子就会丧失学习辨识、理解、接受负面情绪的机会。同时，这样的反应也暗示孩子的感受不值得重视，孩子少了学习认识自己、接受自己的机会。这样的孩子长大后可能习惯于压抑负面情绪，或无法正视负面情绪带来的影响。

如果父母选择讨好屈服以平息孩子的负面情绪，例如：让孩子得到他想要的，只求尽快平息孩子的胡闹，孩子会学到把胡闹当成工具，用来操纵他人，实施情绪勒索，"你不……，我就……"。不管父母采用的是斥责威胁还是讨好屈服，这样长大的人，都很难学会适当表达自己的情绪或尊重他人的情绪。

如果父母愿意理解、回应孩子的负面情绪，愿意带着孩子认识它、面对它、接受它，并设法让孩子从负面情绪带来的启示中获益，将有助于孩子学习以更恰当的行为表达自己的情绪，或回应他人的情绪，孩子较有机会在情感与理智间获得平衡的自我。

在宪文夫妻的案例中，我们无法判断他们的父母过往如何回应他们的负面情绪。但是从夫妻双方沟通时极力以利益得失说服对方，我们可以推测他们在觉察、理解与表达情绪方面的能力不足。幼时没有习得这些能力，挽救的方式是在此时此刻的生活互动中把握机会加以练习，比如宪文夫妻可以学习内省自己真正的恐惧是什么，或关心地询问对方在担忧什么。

自我检视

回想自己最近一次的负面情绪:

- 当时发生了什么事?

- 当时的感觉是怎样的?

- 当时的反应是怎样的?

- 现在回头看,这样的负面情绪有哪些正面意义?

第六章

焦虑蔓延
——典型症状

家中的慢性焦虑过高时,焦虑会找到出口。焦虑在某段关系中找到出口时,关系可能出现激烈冲突或被截断。焦虑在某个人身上找到出口时,他可能出现身心疾病或社交障碍。

15 "症状"是焦虑的出口

当慢性焦虑在家庭内升高至一定程度，焦虑会找到出口。这个出口可以是在某段关系中或某个人身上：焦虑在某段关系中找到出口，关系中可能出现激烈争执、夫妻离异或外遇等现象；焦虑的出口在某个成员身上时，这个人可能在身体、心理或社交上出现障碍。一般人称这些现象为"问题"，而鲍文则称之为"症状"，以强调这些现象不是导致家庭情绪系统失衡的"原因"。这些现象是讯息，让我们知道家庭情绪系统因承受过多焦虑而失衡。

家庭情绪系统失衡最根本的源头，是家庭成员自我分化不足，又遇上不利环境，导致焦虑升高，产生症状。换句话说，夫妻冲突不是问题的根源，而是问题的症状，它是夫妻面对不利环境产生焦虑后，不自觉采用互相指责的方式，企图解决自己的焦虑，由于行为欠缺理性思考，反而让焦虑在夫妻间相互感染、震荡、扩大。

可以河水比喻蔓延的焦虑。如果河水高涨导致溃堤，溃堤是河川系统失衡的症状，河川容纳的水量有限（自我分化不足）、天气骤变雨势加剧（外在不利环境），才是导致水位高涨的"原因"。有不利的"因"，未必会导致不好的"果"。水位高涨未必会溃堤，河川系统本身出现有问题的环节，才会引发溃堤。在家庭中，无法适应环境变化的家庭关系或成员则会出现症状。

症状会不会出现，受家庭成员的自我分化程度，以及家中焦虑强度的影响。家庭成员的自我分化程度越高，整个家庭的情绪系统越健全，面对不利环境较能理性处理，相对不容易产生慢性焦虑。即使产生慢性焦虑，自我分化程度高的家庭成员对焦虑的忍受度也比较高，焦虑水平比较不容易超过家庭成员负荷的上限。

如果家庭成员的自我分化程度低，成员互动受情绪主导，焦虑容易因不利因素而飙升蔓延，再加上自我分化程度低的成员对慢性焦虑的忍受度也较低，过多的焦虑很容易超过某个家庭成员能承受的上限，焦虑因而在他身上引发崩溃，使其出现症状。

以品萱先生与公司异性同事互动密切为例，面对不利因素，夫妻激烈冲突的症状会不会出现？自我分化程度高的人不依赖伴侣得到安全感，较能信任伴侣，比较不会视之为压力，即使有所怀疑，也会采取较理性的方式沟通，试着了解事实或是幽默地表达自己的"失落、不安"；如果伴侣的自我分化也相对成熟，他会理性说明、同理并抚慰她的担心。如此，焦虑不至于扩大，自然也不会出现家庭情绪系统失衡的症状。

相对地，自我分化程度较低的人，依赖伴侣填补自己渴望亲密的需求，期待伴侣带给自己幸福，感情脆弱且缺乏安全感，容易将伴侣与公司异性同事互动密切视为压力，伴随而来的嫉妒、失落、怀疑，让焦虑飙升。她面对焦虑时的本能反应可能是指控先生"搞暧昧"。如果先生的自我分化程度也不高，面对指责的反应可能是生气、斥责，这会让她的焦虑更加扩大，出现更多指责。恶性循环之下，焦虑更容易泛滥溃堤，夫妻激烈冲突可能成为常态。

症状出现的环节

症状有转移焦点、让焦虑暂时降温的效果。家庭互动模式导致焦虑集中于某段关系或某个人时，那段关系或那个人就容易成为慢性焦虑溃堤之处。

关系承载过多焦虑时，会出现哪种症状，与互动方式有关。习惯互不相让的冲突关系，频繁的激烈口角可能是关系失衡的症状。经常以保持距离互动的疏离关系，焦虑极度升高时可能导致夫妻离异。习惯把他人三角化的关系，焦虑飙升时，可能导致伴侣寻找外遇。焦虑过高时，单方忍让的自我借贷关系中，出借自我的一方容易出现身体、心理或社交障碍。

　　家庭成员承受的焦虑超过他能负荷的上限时，会出现什么样的症状，受内在环境、外在环境影响。以伴侣失和、焦虑转移到孩子身上的例子而言，孩子会在身体、心理或行为的哪一个层面出现症状，受孩子先天基因和后天环境的影响。先天基因包括身体或心理疾病的潜在因子；后天环境有生活作息、饮食、是否暴露于过敏源、是否接触细菌或病毒感染，以及学校老师或同学对其的态度等。焦虑会在这个孩子最脆弱的环节找到出口。如果一个症状无法缓和这个家庭的焦虑氛围，这个家庭也可能出现多个症状。

　　以妻子为挽回渐渐疏离的先生为例，妻子不自觉地以先生最在乎的孩子当话题吸引先生关注，"他的皮肤起疹子……""他

表 5　情绪关系模式、互动方式与焦虑升高的常见症状

情绪关系模式	互动方式	焦虑升高的常见症状
情绪疏离	保持距离	情感疏离、离婚、关系截断
情绪冲突	互不相让	激烈口角、暴力相向
支配顺从	单方忍让	配偶出现身体、心理疾病或社交障碍
三角关系	三角化	外遇，焦虑在关系间移转，或孩子出现身体、心理疾病或社交障碍

最近常感冒……""他在学校被人欺负……""他的功课赶不上……",妻子在孩子身上标示"问题",以沟通孩子的"问题"来拉近跟先生的距离,孩子会不自觉地感受到自己的"问题"的功能。一旦慢性焦虑持续的时间过长,或家庭出现更大的隐忧,焦虑超过孩子能承受的极限时,孩子就会成为家庭焦虑溃堤之处。孩子的症状可以转移父母的焦点,让父母暂时忽略彼此的疏离,团结一致把心力放在照顾孩子上。

关系模式的影响

习惯让人不自觉地重复相同的行为模式,不管这个习惯有益还是无助于人际关系。在成长过程中,个人在原生家庭的情绪互动模式里养成习惯;离家后往往不自觉地因循旧习,选择能跟自己复制相同互动模式的伴侣。即使个人立志不要重蹈覆辙,习惯的印记还是会让一个人不自觉地往复制原生家庭互动模式的方向走。一个男人立誓绝对不要选择一个像母亲这样管东管西的女人,步入婚姻后,妻子无伤大雅的请求,也可能让他过度敏感地视为干涉而使其反射性抗拒,妻子委屈埋怨,更加强先生的认定,双方一来一往,让妻子的反应越来越像他的母亲。

观察家庭成员如何情绪互动,可以找到焦虑的起因,预测焦虑的出口。一个与父母、手足情绪疏离的先生,会惯性地以疏离的态度与妻子相处。这种态度如果导致妻子将生活重心放在孩子身上，她可能跟具有某种特质的孩子关系紧密，这个孩子可能是老大、老幺、最像先生或自己的那个孩子。这种紧密经常是过度纠缠的关怀。假设妻子将焦点放在幺儿身上，以转移夫妻关系疏离带来的焦虑，而先生因为不用继续面对妻子的渴望亲近，也就顺理成章地接受了妻子对幺儿的过度关注。

父母关注最多的孩子，通常也是自我分化最低的孩子。父母的过度关注与干涉，常让孩子不得不乖乖配合或选择叛逆反抗。这样的孩子，精力不是花在了解自己上，而是投入在情绪化地回应父母的干涉、与父母的情绪相互牵绊上。陷入情绪化人际纠缠的孩子，不易发展出成熟的情绪调适能力，对焦虑敏感且情绪起伏大，容易成为家庭慢性焦虑的出口，也最容易出现症状。

值得注意的是，人的互动方式虽是由原生家庭习得，但更多的是来自和动物一样的本能。例如：受到威胁时，"战斗"或"逃跑"的本能，人和动物都有。经验只是强化特定本能，塑造表现方式。人类通过经验学习，"战斗"的表现方式比动物更多元，可以是直接打架、当面斥责、私底下放话等。每个人都有"战斗"的本能，会如何表现，则受成长经验影响。

芸芸众生的家庭情绪关系模式呈现出许多共通性，就是因为有太多源自本能的行为反应，一旦放弃理性思考，本能就会主宰行为。

症状的改变

家庭成员的互动方式可能随时间而改变,症状也随之不同。

刚结婚时,夫妻主要的互动方式如果是妻子配合先生,妻子放弃自己的习惯、离开自己的朋友圈或改变时间分配以维持婚姻和谐,焦虑升高时,妥协较多的妻子可能出现的症状是身体不适、忧郁,或不自觉地耽溺于社交网络,以寻求慰藉,等等。

结婚多年后,如果妻子不再妥协,互动方式可能转变为挑剔对方的不是,焦虑升高时,原先由妻子单方承受的焦虑,可能转移到两人的互动上。妻子由原先的症状复原,焦虑外显,转而以婚姻冲突的方式呈现症状。症状看起来不同,但两人在追寻"自我"和"我们"之间拉扯的问题本质相同。

症状不断改变,能让不同关系或不同成员分担焦虑。慢性焦虑飙升,可能是妻子先开始身体不适,过一段时间变成先生忧郁,孩子上学后,变成孩子在学校适应不良……只要家中的焦虑不是固定由同一个人承受,就不会有人长期失能。如果家庭的慢性焦虑是在多个孩子之间移转,那么这些孩子的症状可能大多轻微,没有孩子出现严重症状。不过如果焦虑长期由同一个孩子承受,他可能会出现较严重的症状,其他孩子则得以幸免。

父母并不会故意把家庭的冲突与焦虑投注在孩子身上,或故意将焦虑倾注于某个孩子,这些互动模式是不自觉的自动化反应。

自我检视

- 你身边是否有亲人出现身体、心理或行为方面的"症状"?

- 请描述他的"症状":

- 这位亲人可能面对的压力是什么?

16 一段关系的结束

当家庭弥漫着焦虑氛围，家庭成员会本能地采取某些行动解决问题。如果这些行动未经深思熟虑，那么问题的根源不仅不能被找到，问题不能被解决，焦虑也会持续升高。家庭成员解决问题的互动方式可能导致关系败坏。本节将以雅芳的婚姻历程（关系和谐—冲突不断—情感疏离—情感截断）来说明伴侣间面对焦虑不自觉的互动模式如何导致一段关系结束。

婚姻的蜜月期

雅芳与先生在国外工作时相识，两人相互吸引，交往一年后结婚。他们的婚姻符合鲍文描述的一般伴侣关系，是自我分化中等的两人结合。相处初期，两人彼此关心、相互支持，她快乐，他便快乐，他忧心，她为他加油打气，生活中有彼此，生命变得更完整，两个自我在某种程度上相互融合。虽然婚姻关系限制个人自由，但是双方都愿意相互配合。

　　婚后半年，雅芳怀孕，由产前检查至怀孕期的饮食等，她照着书本执行，先生完全配合。对雅芳而言，这是一段幸福的日子，她过去与家庭疏离，现在终于有了属于自己的家。对先生来说，虽然没有心理准备，但他愿意尽责扮演自己的角色，与妻子合力迎接新生命的到来。这时夫妻表现得像自我成熟的两个人。

新手爸妈冲突不断

　　新生儿诞生，年轻夫妻必须同心协力养育小宝宝，这是压力非常高的阶段，此阶段最大的挑战，是不因家长责任而忽略婚姻关系。

　　女儿出生后，家务增加、照顾新生儿睡眠不足，再加上工作繁忙，等等，两个人精疲力竭。焦虑升高时，双方在家务分配上开始起冲突。她先抱怨劳务分配不均，抗议自己承担大多数家务，先生"只负责一点点，还时常拖拉"。他也开始埋怨她标准过高，"我没有不做，只是晚一点做而已"。

　　除了劳务分配不均，家庭心理位置也与以往不同。雅芳以小孩为重，女儿原本睡自己的小床，为了方便照顾，改睡在两人中间；又为了避免夫妻互相干扰睡眠，转而变成妻子与女儿同床，先生另睡一床。先生成为孩子的爸爸，"丈夫"的角色渐渐式微。先生抱怨几乎没有夫妻生活，妻子气愤回应，"如果你多做些家事，或许我会有精力"，指责先生不够体贴、付出不够，只会自私地索取生理需求。双方都责怪对方该做的事不做。等生活稍微轻松一些，大家都能喘一口气时，两个人恢复和谐关系，会陪孩子在公园散步喂鸭，享受育儿的快乐。

生活压力引发的焦虑，让两人在劳务分配与性生活上起冲突，两人对伴侣有既定的期许，认为对方应该做些什么，一旦对方无法符合期待，失望接踵而至。面对焦虑，雅芳和先生的情绪性反应是"互不相让"。雅芳认为自己是在"家里太乱而忍无可忍时，才开口要求先生做事"，先生原本会自动做家事，因为雅芳开口要求，不自觉地反抗对方的控制，更坚持要依照自己的步调。先生要求性生活时理所当然的态度，则引发雅芳反抗："你当我是什么？"双方带着在原生家庭养成的习惯反抗对方，形成"你追我逃"的互动模式。在家务整理上，雅芳追，先生逃；在性生活方面，先生追，雅芳逃。

两个不完全成熟的人长期相处，双方时而自在，时而难处。自在是因为两个人可以相互依靠，难处则因双方计较对方的付出是否足够多，自己的获得是否足够多。当难处的时刻渐增，关系便逐渐受损。持续的冲突让双方看不到对方的付出，焦虑蔓延时，争吵的指责不再只是针对"事情"，而是否定一个人的"本质"，言辞越来越具杀伤力。

情绪冲突是家庭成员面对歧见时互不相让，为自身感受到的焦虑寻找责难对象，看不到自己的问题，陷入争执时口出恶言，严重时甚至动手伤人。冲突的根源主要是双方自我分化不够高，生活又面临多重压力。他们可能曾经在冲突中长大，又或许有艰难的童年生活而对冲突不陌生，看不到冲突之外还有其他选项。如果双方能开始注意自己该负的责任，冲突就有消弭的契机。

难融入公婆家庭

雅芳和先生因工作调回台湾后暂住公婆家，先生的幺妹未婚和他们同住。雅芳幼时缺乏与长辈、姐妹相处的经验，不知如何与公婆、小姑相处。她平日早出晚归，假日睡到自然醒，享受婆婆留下的早餐。家庭成员相聚闲聊，她则在自己房间忙公务，在先生家人眼中她是个有距离感的人。婆婆没有指责，但小姑看不下去，她召开家庭会议，规定雅芳应该"每天倒垃圾……""不能让父母反过来照顾你们"。雅芳震惊且自觉受辱，期望公婆制止这样的无礼，却"只看到婆婆微笑着望着自己的女儿"。先生斥责幺妹不懂事，幺妹大哭，控诉"哥哥站在嫂嫂那边"。

一场家庭冲突隐含多个三角互动与同盟关系。婆婆与自己的女儿同盟，与媳妇关系较疏远，这是人之常情；在妹妹眼中，哥哥则与嫂嫂是同盟。妹妹订立家规介入婆媳相处，先生斥责妹妹无礼制造姑嫂冲突，都是三角关系。同盟无法避免，但三角关系可以不必存在。婆婆可以自己要求媳妇协助，而嫂嫂如果觉得小姑无礼，可以自行回应。但所有的互动是一连串的情绪反应，一个接一个，当事人没有停下来思考。冲突过去，心结仍在。为了避免冲突，雅芳夫妇搬离公婆家，采取保持距离的疏离方式。偶尔带孩子回去探望，雅芳尽责做该做的事，旁观公婆与儿子、孙女快乐地闲聊，不知该如何融入这个家庭，觉得自己是个外人。

夫妻情感疏离

女儿上初中后，以功课繁重为由，将自己关在书房读书、写作业和上网聊天。因为成绩名列前茅，雅芳夫妇也就未加干涉。三个人平日各忙各的，晚餐是三个人相处交谈的主要时间。就寝安排仍是孩子霸占主卧与母亲同睡，先生则睡在儿童房，女儿在家中的心理地位显然高于父亲。女儿假日不再喜欢跟父母出游，雅芳选择在家陪伴女儿，先生则独自外出钓鱼，夫妻有各自的生活重心，采取保持距离的方式互动。

双方在家务分工与性生活方面仍互有不满，但吵来吵去都是一样的台词，渐渐懒得吵，情感愈来愈疏离。雅芳降低自己对居家整洁的要求，宁愿自行整理或要求女儿帮忙，也不再开口要求先生尽责，以避免冲突。先生在性生活方面对雅芳失望，推断她年纪大，接近更年期，逐渐不太要求她"履行义务"，偶尔抛出一句"我如果有外遇，都是你的错"来威胁恫吓。对感情缺乏安全感的雅芳，原本认为先生除了懒散，很值得信任，面对先生的威胁，怀疑他"为自己未来的出轨铺路"，对先生更加失望、冷淡。先生的威胁原意是想要拉近距离，却让两个人距离更远。

情感疏离是双方以保持距离的方式面对焦虑，习惯性地保持沉默，或把焦点转移到自己的工作或兴趣上，或是彼此只谈小孩的事，不再分享各自的生活点滴。当然也有人借距离欲擒故纵，实则期待对方靠近，或者企图使即将触礁的关系拉开距离以重新调整自己的情绪。但疏离和冷静不同，一个人转身离开，关起房门停止对话，也是一种强烈的情绪。疏离的一方常误以为保持距离可以给彼此空间，殊不知，距离或许可以暂缓焦虑，但长此以往，却可能让焦虑更加高涨。采取保持距离以疏离对方的人，通常也与原生家庭缺乏联结。克服疏离的正确做法是更换适当的自我调节方式，每天抽出几分钟与对方接触，把疏离的关系慢慢拉回到正轨。

夫妻情感截断

孩子离家就读大学后，雅芳夫妻的生活顿失交集。缺少孩子转移焦点，双方相处上的陈年问题逐渐浮出水面。面对空巢期，两个人配着电视新闻吃晚餐，餐后她偶尔邀请先生一起散步，散步时先生的话题经常是"漂亮女同事受资深同事欺压，我……""漂亮女同事找我……"，雅芳问先生是否想有外遇，为什么要强调"漂亮"。先生否认，但不改谈话内容。这样的谈话方式是先生不自觉地牵扯外人作为第三者，企图让雅芳关注自己，但也引发了雅芳极大的焦虑。雅芳自认对感情缺乏信任，推断自己的焦虑源自缺乏安全感，她安慰自己，"他只是故意言辞挑衅"。

雅芳没有对先生提起自己的焦虑，选择避免交谈。有次先生提及，朋友劝他与某位女同事保持距离，他回说"怎能拒绝美女"。于是她开始相信先生与女同事真的关系暧昧，"不然为何连朋友都要规劝"。点滴事证，再配上她不安的想象渲染，焦虑升高至难以承受时，她主动提出离婚，先生在讶异中拒绝。两个人协议先分居，由先生搬离住处。分居的一年期间，"他四处游玩"，经常传送旅游照片给雅芳。她认为先生在炫耀"没有你的日子，我也过得很好"，因而坚持离婚。

情感疏离发展到极端，就是"情感截断"，是面对长期慢性焦虑或强烈急性焦虑发展出来的激烈手段，离婚就是一例。情感截断虽然能暂时舒缓焦虑，但只要问题未解决，焦虑就依旧存在。即使面对下一段关系，仍然可能出现相似的处境。克服的方法是学会辨认自己习惯的互动模式，以及潜藏于此模式底层的焦虑，找出自己的焦虑源，思考自己可以做些什么来缓和强烈的情绪。

孩子的情绪反弹

无论长到多大，父母离婚对孩子都是很大的冲击。青少年正在学习如何跟他人建立真挚的朋友、伴侣关系，父母离异会让他们对婚姻的价值产生怀疑。再加上青少年的理智系统发育尚未成熟，面对父母离异所带来的伤害，他们通常很难冷静地厘清自己的感觉，有些青少年会以行为脱序或自我伤害来发泄无以言喻的痛楚和愤怒。雅芳刚上大学在外住宿的女儿选择沉默不沟通，冷淡回应父母的手机传讯。学期结束回到没有父亲的家，她"像一只刺猬"，不经意的谈话都能引发她激烈的情绪回应。

离婚后，雅芳和前夫反而变得客气有礼。当双方不再对彼此有期待或认为对方应该如何时，两个人反而能相互尊重。偶尔三个人相约聚餐谈谈近况，反倒是女儿会突然情绪爆发，让场面尴尬。女儿对父母离异不谅解，原因之一是离婚破坏了原本的家庭系统，也就是破坏了她熟悉的生活习惯。不管这习惯是好是坏，人的本能是习于旧的，习惯会带来安全感，改变习惯容易带来不安与焦虑。

离婚后，雅芳和前夫各自经营自己的生活，女儿对自己不再成为父母讨好的对象而感到焦虑。家庭成员面对熟悉的互动模式改变，常有的情绪性反应就是抗拒，包括：第一，指责改变者错了；第二，要求停止改变，回到过去；第三，威胁不改回来，就要如何。女儿的情绪爆发与疏离也是情绪性的抗拒改变。

为了改善离婚后的母女关系，雅芳尝试说服女儿用正向观点看待父母离异、以同理心看待父母的处境，却徒劳无功。单凭安抚、劝说、催逼，是很难改变他人的。改变需要发自内心，愿意为了自己的成长而改变时，才会有最大的动力。雅芳与女儿的关系虽然是双向的，但令人惊讶的是，要为母女关系解套，雅芳却得有单打独斗的决心与觉悟，因为期待女儿改变，又是把"应该如何"强加在对方身上。雅芳可以做的是：从自己开始，先明白情绪是相互感染的，只要有一方能设定情绪界限，面对对方的情绪反弹不为所动，不自我防卫，也不反击，对方的情绪反应通常就不会持续太久。雅芳试着不让女儿爆发的情绪影响自己的情绪，不急着为自己选择离婚辩解或指责女儿无理取闹，因为这些情绪性回应只会引发女儿更大的情绪反弹。

情绪反弹是阻碍人与人之间相互了解的最大障碍。一个人情绪化地表达自己时，容易让别人下意识地反抗这种情绪压力，因而无法接收沟通的内容。当雅芳面对女儿的情绪时，需要先厘清自己的感觉，并练习理性思考。对女儿爆发情绪的感觉可能有无奈、委屈，甚至怨怼女儿的不体谅，但感觉通常来得急，去得也快。雅芳如果被这些情绪淹没，跟着感觉行事，就无法冷静分析女儿情绪背后所隐含的焦虑。雅芳如果能有意识地保持冷静，才能开始有效思考。能不对他人的情绪反射性地回应，也是提升自我分化的具体做法，这样，关系才有机会改善。

离异后的调适

离婚后，雅芳接受了心理咨询，因而明白了小时候突然被送去外婆家住，让她承受了遭父母遗弃的恐惧。她幼时渴望父母的关爱，对父母的"遗弃"又过于敏感脆弱，学会了自欺欺人，自我"洗脑"，认为没有父母，她也可以很独立。

依据鲍文的观察，与父母关系切割越严重的孩子，长大后越容易在未来关系中重蹈覆辙。雅芳幼时学会情感疏离的自我保护机制，抱持"不依赖任何人，才不会因为失去对方而难过"的信念。一旦婚姻中的焦虑紧张升高，她便下意识地采用这样的方式逃跑。选择离婚是她不自觉的防御机制，以情感截断面对即将失去的痛苦，选择"不去爱，这样才不会受伤"。

接受咨询后，她也发觉，深藏心中从未对人提起的幼时遭受长辈性骚扰的经验，让她极度厌恶强迫施加的性关系。这也能解释为何刚结婚时，雅芳并不排斥与先生两情相悦的性生活，抗拒始于先生要求雅芳"履行义务"的强迫感，她不自觉地反感拒绝，引发他更强烈的索求威胁，刺激她更强烈的抗拒，双方的焦虑通过恶性循环放大至无法妥协。而雅芳当时无法自我觉察这些情绪反应，借由咨询省思，才提升到意识层面。了解自己的状况后，雅芳明白离婚解决不了问题，除非提升自我，否则相同的运作模式会反复出现，即使有下一段关系，状况也不会改善。

　　应用家庭系统理论的观点，雅芳渐渐学会看懂过去家庭中的三角关系、同盟关系与互动模式，这让她有机会以更全面的观点了解家庭关系，并以更超然的态度观察自己的情绪历程，也更愿意克制自己的情绪反应。面对女儿的反弹，雅芳可以跟孩子的父亲说明自己的看法，征询他的意见，与他共同学习如何在离异后与女儿相处。很多研究证实，离婚后如果能与前任配偶保持联络，建立新的界限和区隔，维系情绪中立、开放、平等的关系，那么，离婚后两个人的关系和其他关系一样重要，而且这样会对孩子有正面影响。

自我检视

- 观察身边的关系,有没有出现关系受损的症状?请描述其症状。

- 上述症状源自哪一类的互动模式?是保持距离、互不相让,还是三角化?

17 失去自我的家人

当家庭焦虑氛围蔓延，除了损害关系，家庭成员不自觉的行为反应，也可能导致某个家庭成员自我功能降低。状况可能是伴侣间，一方替另一方做太多决定，导致另一方逐渐失去独立自主的能力；或者牵扯第三方（通常是小孩），以致第三方无法发展出成熟独立的自我。不论自我功能低的是配偶还是小孩，总是有扮演高功能的一方，出于善意或不自觉，替对方担负原本属于他们的责任，剥夺他们为自己负责的机会。

失去自我的配偶

"失功能配偶"搭配的是高功能配偶，这是伴侣间自我借贷的结果。在这样的关系中，高功能配偶说教支配对方，为对方设定生活目标，替对方行使自我功能；失功能配偶则是聆听训示，很顺从，把思考的责任丢给另一方，采取"单方忍让"的互动方式自我退让。症状严重时，失功能配偶可能失去独立生活的能力，而高功能配偶承担过多的照顾责任则容易身心俱疲。

夫妻间支配—顺从的关系是两个人自愿的相互配合。谁扮演高功能或低功能的角色，也可能因状况互换。咨丰的父亲是受人敬重的社区居委会主任，在父亲心脏病突发过世后，咨丰承担起照顾母亲和大姐、小弟的责任。事实上，只要身边的人有困难，无论是家人或员工，咨丰都尽力援助，承接父亲"照顾者"的角色。

咨丰初识妻子时，心疼她的童年遭遇，决心保护她一辈子，挂在嘴边的经常是"有我在，没事"。婚后他劝妻子放弃工作，"把自己整顿好，比较重要"。妻子顺从，辞去工作后，偶尔有人找她合作项目，他会替她分析状况，结论通常是"对方未必可靠，不须冒这个险，真的想做，我可以赞助你"，最后合作都不了了之。

有了小孩之后，妻子的心思全放在照顾孩子身上。她管教不听话的小孩，他会阻止她，劝诫她不要过于激动，要她练习调整自己的情绪，反省自己的处理方式。日复一日，在他和两个孩子心目中，家庭冲突都是肇因于妻子的情绪，她也默默接受这样的定位，认定自己是个童年受到伤害、心智不成熟且没有能力管理自己情绪的人，于是她开始接受药物治疗。

咨丰除了是妻小的支柱，还要照顾原生家庭年迈的母亲，应对姐弟家庭中大大小小的突发状况,并要管理自己的公司,咨丰的身体终于不堪负荷,中风卧病在床。面对先生突然失能,妻子被迫独立。两年后,尚未复原的咨丰很讶异妻子居然撑得过来。妻子不再用药,觉得生活充实,"终于找到自己的定位,受到肯定"。

依据鲍文的理论,伴侣双方的自我分化程度通常相近,否则不会相互吸引。高功能配偶很难相信这样的概念,因为他们总认为自己适应力较佳、较有才干、较具判断力,是个性较成熟的一方。事实上,为高功能角色带来成功关系的,是失功能的一方愿意退让。咨丰建议妻子放弃工作、为她评估合作项目、阻止她管教小孩等行为,都在暗示妻子:她没有能力自行找出答案或管理自我,而她也不自觉地接受这样的暗示而出借自我。咨丰的功能性自我得以提升,其实来自妻子自愿配合放弃部分自我。咨丰的中风,让妻子有机会重新为自己负责,并承担照顾先生的责任。

我的孩子有问题

"失功能子女"通常是三角关系的牺牲者。父母无法处理双方的问题,因而聚焦在孩子身上,关注孩子多过自己的婚姻。孩子承受家庭的焦虑,情绪系统失衡,自我分化的发展受阻,其外显症状可能是孩子产生生理疾病,发生情绪失控或社交障碍。

以下以恩慈家为例来说明。

幺儿的症状： 恩慈育有二子。她一直觉得幺儿的发展比较慢，因为担心挂虑，恩慈每年安排幺儿接受发展鉴定，鉴定结果都正常。幺儿升上小学二年级时，医生应恩慈要求，为了提高幺儿的专注力，开了治疗多动症的药。

恩慈请导师叮咛幺儿服药。导师对她的要求感到惊讶，学校并为此开会讨论。一年级的班导师说明，孩子刚入学时的确比较胆怯，有时会情绪性地捂着耳朵不听指示，哭诉不知道该如何做。经过一学期的调适，他越来越有自信，"只要让他按自己的步调做事，他能把课业都弄懂"。第二学期，他担任小班长，协助同学处理冲突，能公正分析，并给同学建议。但经过一个暑假之后，二年级的班导师发现他与同学少有互动。导师安排了家庭访问，恩慈告知导师幺儿仍会尿床，形容他"天生能力弱"。

犹豫胆怯、捂着耳朵拒听、含泪哭诉等是焦虑症状，幺儿的这些症状在一个没有过多压力的学习环境下逐渐改善。暑假过后，孩子行为退化、夜间尿床，这跟情绪有关。孩子如果在暑假过后大幅退步，通常是家庭有问题。老师们认为孩子有情绪问题，恩慈却认为是幺儿的能力问题，要求医生开的又是抑制多动药物，她的判断和应对脱离现实。恩慈追踪幺儿的发展，竭力找证据去证明幺儿有问题。前述种种迹象显示，恩慈或许才是需要协助的对象。

家庭状况： 恩慈婚前服务于贸易公司，精明能干。婚后一年，老大出生，恩慈在家庭和工作无法兼顾的情况下辞去工作，成为全职妈妈。幺儿与老大相差近四岁，恩慈对老大的描述是"非常聪明"，对幺儿的描述则是"发展慢，两岁还不大讲话"。

恩慈自评夫妻关系"还好"。除了少数应酬，先生大都会回家吃晚餐，假日也会全家出游，两人偶尔沟通不畅。"算了，也不用再提，你也不能改变他……很多夫妻不都是这样"，是恩慈对婚姻的注解。先生形容自己是粗线条，所有事情都可以大事化小，"有饭吃，穿得暖，可以出门露营，这样的生活就可以……"，对恩慈的描述是，"不明白为什么有那么多情绪"。

综观恩慈的生活概况，她重视家庭，做事积极有效率。对于家人，恩慈自知无法改变先生；老大表现优秀不需要她操心；相较之下，表现平凡的老二就成了她用心加以改善的对象。

原生家庭： 恩慈是家中长女，自幼承担照顾弟弟的角色。婚后仍然持续照顾娘家的父母和弟弟，照顾事宜小至处理父母的账单，大至帮小弟还债。恩慈的小弟备受父母宠爱。父母出资帮他创业，他与朋友合伙被骗背了一身债，因而离家躲债。讨债集团骚扰父母，恩慈只好用婚前工作的积蓄帮小弟还债。私房钱还债被用光后，恩慈只能请求先生帮忙，先生帮了一两次之后劝她说，"这是无底洞啊……不该这么宠……这只是助长不负责的行为……"。先生无法体会妻子的放不下。恩慈曾经对先生不愿相助有怨言，但"这几年想想，先生说的也没错，继续帮下去也不是办法"。弟弟躲债好长一段时间，直到"去年讨债集团被警方逮捕，弟弟终于回家"，事情才告一段落。

　　针对重要事件画出时间轴之后，问题的根源浮出水面。恩慈怀幺儿的时候，也是小弟债务问题爆发的时刻。受宠的小弟出事，全家都得伸出援手。

　　恩慈面对这件事，心中多有纠结。首先，无止境的资金援助引发她很大的焦虑；其次，面对父母对小弟的溺爱，恩慈有怨气，却无法对父母的无助置之不顾；再次，自己焦头烂额处理债务危机时，先生的理性以及拒绝资金援助，虽然有道理，但缺乏同理心，让她感到孤立无助。

　　焦虑过高时，恩慈的不自觉反应就是转移焦点。当她全心全意关注幺儿的"发展迟缓"时，她为自己找到无法继续扮演原生家庭救火员的理由："我的儿子有问题，需要我照顾。"幺儿被拉扯到"夫妻冲突"和"原生家庭纠结"的三角关系中。幺儿的"症状"一方面让她得以与原生家庭保持距离，也让夫妻由对立转为

图 12　恩慈家重要事件时间表

2002	2004	2005	2008	2010	2014
结婚	老大出生	恩慈离职	幺儿出生	认为幺儿语言发展迟缓，每年带他接受发展检查	

（2010—2014 恩慈的小弟离家躲债）

并肩面对幺儿的"问题",焦虑得以缓解。

这种焦虑转移是恩慈不自觉的本能反应,幺儿也不自觉地回应母亲赋予他的角色,扮演家庭焦虑的出口。恩慈眼中幺儿的问题,成为幺儿自我实现的预言。由幺儿的症状也可看到,家庭关系和孩子的"情绪""生理"息息相关。家庭关系的焦虑诱发孩子的情绪问题,孩子尿床是情绪引发的生理反应,情绪问题也影响孩子的学习适应情况。

恩慈接受辅导,了解到自己下意识地借着处理幺儿的"问题"转移焦点,惊讶、沉淀之后,慢慢消化这个讯息。她试着由看清自己开始,以系统观重新诠释自己和先生,以及自己和原生家庭的互动。她试着与原生家庭设下界限,不让原生家庭的要求与期待影响自己的情绪;也试着不让自己的情绪影响孩子,不再紧盯着幺儿的一举一动,也不再担忧他的学习进度,学习放手,让幺儿有自己的成长空间,让他依循自己的本性发展,孩子也逐渐不再出现"适应问题"。

自我检视

- 你身边有失功能的亲人吗？如果有，请试着描述他的症状，并以系统观描述其家庭互动模式。

第七章 迈向理想关系

——自我分化的提升

无论现在的家庭关系如何，改善是可能的，而且最好是从自己开始。当个人有能力以不委屈自己的方式与家人和谐相处，他自然也能改善其他场域的人际关系，成为更好的自己。

18 成为更好的自己

想要修复家庭关系，别无他途：要由提升自我分化，成为更好的自己开始。努力的方向应由内而外，首先是"自我"成长，包括认识自己、接纳自我，以及实现自己的最大潜能。然后是促进"分化"，与人互动时，妥善设定自我界限，觉察与接纳自己的感受，但不受情绪主宰，能运用理性思考；决策时，能悠游于理智与情感之间，并取得平衡。

自我分化高的人活得自在。他们不用在意别人的眼光，不依赖别人的认可，自然而然也就不用浪费生命去寻求他人的慰藉。他们不会纠结于父母是否偏爱其他手足，自己是否让父母失望，又或者伴侣是否关心自己，孩子是否符合自己的期待。他们会把时间花在为自己的人生努力上，而不是总想着别人或想着关系。

从理论上讲，一个人的自我分化在青年时期已大致确定，而且人们倾向于复制在原生家庭习得的互动模式，运用于日后的重要关系。所幸,鲍文的临床经验发现,提升自我分化是可能的,即使是一点点微小的成长,都可能为生活方式带来新面貌。只要一个人能够开始觉察自己的"情绪"和"理智"运作,并尝试运用这样的自觉去面对关系,就已经开始迈向提升。

要如何练习觉察自己的"情绪"和"理智"?

鲍文建议从回到自己最熟悉、最习惯的原生家庭开始。家庭塑造个人特质,一个人自小生活的家庭环境,是认识自己最好的地方,对原生家庭的情绪系统了解多少,对自我的了解就有多少。

回到原生家庭,看清自己与父母、手足的互动模式,是让自己有能力与他人维持平顺关系的捷径。毕竟每个人身上的问题都是老问题。回到原生家庭,尝试改变自己与家人的互动模式,就好像把过去考得不好的考卷拿来重做,从过去没做好的地方开始练习,是最有效的方法。

回到原生家庭的目标是提升自我分化,实际的执行步骤包括:第一,辨认家庭情绪系统的运作模式;第二,拟订自我改变计划;第三,在互动中练习与修正。以下分别说明。

辨认家庭情绪系统的运作模式

家庭情绪系统有不同层级,较大的系统可以是包含整个家族跨越世代的关系的系统,再小一点是原生家庭的互动系统,更小的是自己与其他家庭成员一对一的互动系统。观察由大到小不同系统的运作，有益于我们从不同角度认识自己。

　　了解整个家族的运作，有助于我们抛开因果关系的思考方式，摆脱责难和批评的态度。例如：习惯性地与家人保持距离以进行"情绪疏离"的人，如果发现"情绪疏离"的现象重复发生在好几个世代的许多关系当中，就能理解往日伤痕是积习已久的互动模式所造成的，造成许多陈年遗恨的是不自觉的本能反应。宽阔的观察角度有助于我们看出互动模式的重复性，以同理心看待家族成员看不到其他出路的处境。至于如何通过访问家庭成员、画家族图、罗列家族重要事件时间表等了解家族的互动模式，将在下一节中说明。

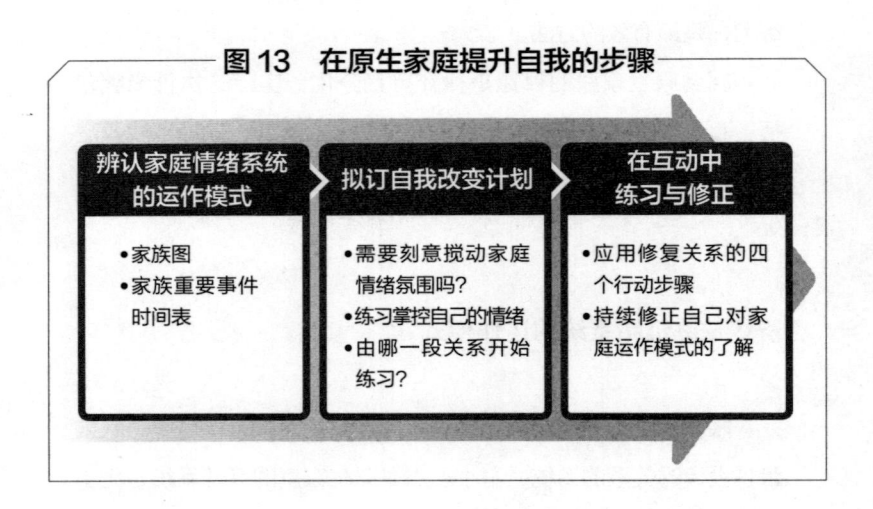

图13　在原生家庭提升自我的步骤

辨认家庭情绪系统的运作模式	拟订自我改变计划	在互动中练习与修正
·家族图 ·家族重要事件时间表	·需要刻意搅动家庭情绪氛围吗？ ·练习掌控自己的情绪 ·由哪一段关系开始练习？	·应用修复关系的四个行动步骤 ·持续修正自己对家庭运作模式的了解

了解自己与家庭成员互动模式的最好方式，是自己与个别家庭成员"一对一"地互动。回到原生家庭，尽可能地与父、母、手足等重要家庭成员单独相处，像科学家一样，冷静地观察自己与对方的互动模式，辨认是否属于"保持距离""互不相让""相互退让""单方忍让"或"三角化"中的一种，了解这些模式如何让彼此的关系更加失衡，冷静觉察是哪些因素触发自己采取这些互动模式的，有利于拟订自我改变计划。

年轻女孩抱怨："我爸被奶奶宠坏……""看到我都没好话……常说我什么都做不好，有事又都交代我……""老爱问我考试准备得怎么样……很烦"。问及这个女孩如何回应父亲时，她的回复是不理他、当作没听见或转身离开。女儿对父亲有很多不满，说着说着，就委屈流泪。要修复父女关系，她的第一步是要看懂自己在对父亲采取"保持距离"的回应方式，看到自己的责任，觉察自己如何习得这样的本能反应，以及这种模式是否重复出现在这个家族。

雅芳离婚后回到原生家庭观察自己与家人的互动，才惊觉"情感疏离"和"情感截断"在自己的家族中是常态。她的祖父与祖母离婚后再婚，父亲与他再嫁的生母甚少联络。父亲二十岁出头由祖父安排结婚，二十七岁有外遇，离家，与雅芳的母亲同居，疏离了原生家庭，并断绝与原配组成的家庭关系。雅芳的母亲是养女，与养母关系不亲密，十七岁离家，二十岁与父亲同居。雅芳的三位兄长中，有一位已经离婚。而雅芳几乎不与兄长联络，因为"看不惯他们没出息,总是丢一堆烂摊子要父母或自己帮忙收拾"。原来整个家族的人际互动习惯是遇到困难就逃离。看懂了"情感疏离"和"情感截断"如何跨代传递成为自己的情绪性反应,接下来,雅芳就可以拟订计划,思考如何以更成熟的方式与原生家庭成员互动。

拟订自我改变计划

如果是以提升自我分化为目标,回到原生家庭想有所改变,就需要事先拟订计划,慎思如何以不同的方式扮演自己的角色。缺少事前规划或执行方式的演练,很容易在跟家人互动时,因为习惯而被拉回旧模式,故态复萌。习惯是根深蒂固的,就算自己想要有所改变,家人也会不自觉地抗拒。

拟订计划时,要将大部分的注意力放在自己身上,而不是放在批评和教导家人上。如果原生家庭一向较安静、沉默、含蓄,有时候就必须刻意搅动情绪,才能让三角关系或情绪互动历程浮现;如果家庭的情绪氛围一向火爆紧张,就有必要事前练习放松和舒缓情绪的技巧;如果跟父亲太难沟通,可以从跟母亲沟通开始。与家人对话,学习如何聆听与保持好奇的态度,有助于了解对方的想法。当自己愈能以同理心对待家人,互动时愈能维持稳定的情绪,愈能理性思考如何摆脱固有习惯。

在互动中练习与修正

看懂家庭互动模式之后，愿意从自己开始改变，也能事先演练沟通技巧和行动策略，但行动开始后，事情的发展未必能全然如我们所愿。

首先，我们以为自己看懂了家庭互动模式，但或许只看到了冰山一角。在互动中继续观察，修正自己的看法，才能更深入地了解家庭情绪互动历程。其次，我们拟订的行动计划未必有效，有必要随时调整。无论是专家或教科书，都无法为我们提供最佳行动策略，唯有通过试验修正，从失败中学习，才能找到适合自己和家人的互动方式。再次，即使行动方案没问题，但执行时可能无法维持情绪平稳、无法聆听出对方的弦外之音，使得成果不尽如人意；无法克制自己的冲动，也会让我们重回旧习。最后，就算自己真的有所改变，家人的抗拒、批评与情绪反弹，也可能让我们动摇。

通过持续的练习与修正，当自己能做到倾听、不攻击、不自我防卫，维持情绪中立，基本上自我已经开始提升。自己的成长能让家人看到改变的好处，或许能带动家人改变的意愿，即使家人拒绝改变，自己也能练习设定界限，不再受关系困扰。

回家不是为了改变家人

"回家"是为了追寻自我成长,学习与家人建立平等、舒适的互动关系,而不是控诉家人、对家人进行心理辅导,或试图教导家人相处之道。如果回家后的行动是把家人过去对自己的不尊重、亏欠,或自己对家人的怨恨拿出来翻旧账,那就是把改变的焦点放在别人身上,是期待他人改变,通常也只会得到家人的情绪性防卫,再次引发冲突与焦虑,落入惯性互动模式。

静芳在癌症末期,回家对自己的母亲诉说幼时被忽略的委屈,得到的也是母亲反射性的否认、叫屈,而不是静芳期望的母女和解与解开心结,这是静芳持有因果关系思维的结果,她看不到自己该负的责任,把改变的责任放在母亲身上。

在家庭中以具体行动改善自己与家人的关系,对自我分化的提升,远超过只在咨询室讨论家庭关系所带来的效果。这样的努力除了能成为更好的自己,也能终结不良互动模式的跨代传递,造福自己的下一代。

自我检视

- 选定一个家人，描述你与他的互动模式。

- 你会如何改变与这位家人的互动方式？

19 分析互动模式

当我们决心回到原生家庭，看清自小习以为常的家庭互动模式时，需要一些具体的方法，画"家族图"（family diagram）和"重要事件时间表"是有用的方法。

何谓家族图？就是用一些跨国通用的符号呈现家庭成员间的亲属关系、互动关系，以及一些身心症状。家族图让我们容易记住家庭的复杂脉络，开启系统化的视野。依据家族图，我们可以对家庭问题提出假设，借由这些假设，搜集更多信息。重要事件时间表，则有助于我们厘清家庭事件的连锁反应。

绘制家族图

想动手画出自己的家族图，只要在网络上输入"绘制家族图",即可找到许多说明各种符号代表的意义及绘制方法的教学资料,甚至可以下载免费的家族图绘制软件。如想获得更详细的信息,启示出版社的《家庭评估与会谈技巧》一书则有详细的实例解说。若要借家族图看出家族中重复出现的关系模式,画家族图时最好能涵盖三个世代以上的家庭脉络。

绘制家族图时,可以同时搜集有助于了解家庭关系的信息,包括:一、重要事实信息,如成员出生与死亡时间、教育程度、

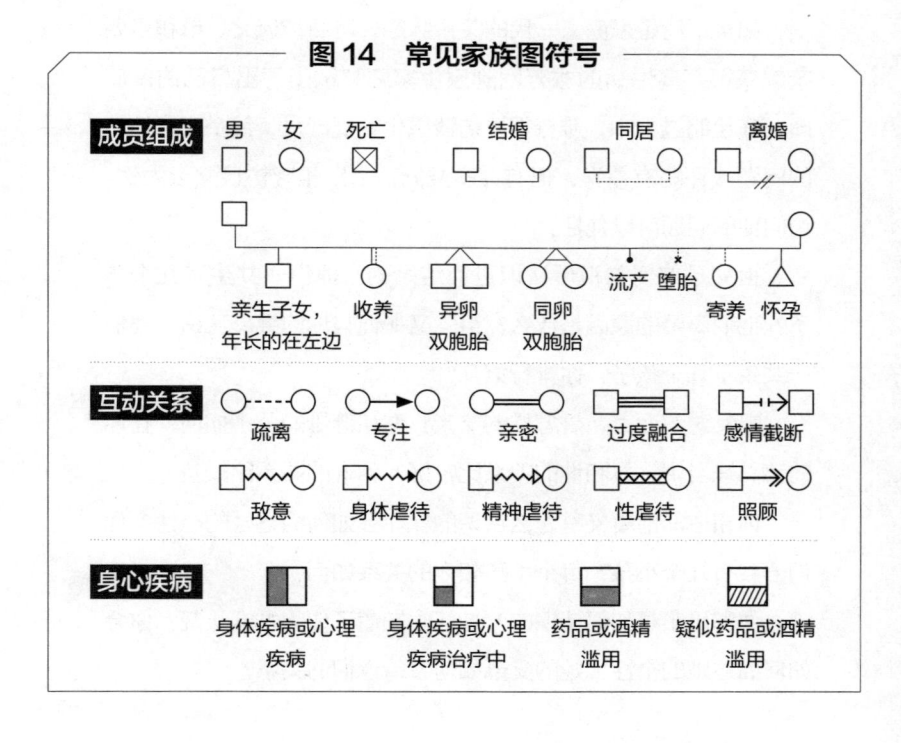

图14 常见家族图符号

成员组成

男　女　死亡　　结婚　　同居　　离婚

亲生子女，年长的在左边　收养　异卵双胞胎　同卵双胞胎　流产　堕胎　寄养　怀孕

互动关系

疏离　专注　亲密　过度融合　感情截断

敌意　身体虐待　精神虐待　性虐待　照顾

身心疾病

身体疾病或心理疾病　身体疾病或心理疾病治疗中　药品或酒精滥用　疑似药品或酒精滥用

职业、婚姻关系等；二、在上一代中，父亲和母亲各自与其父、母和手足的关系，以及父亲和母亲各自的手足角色为何；三、在自己这一代，每个手足的角色为何？手足各自与父、母的关系如何？家中存在哪些三角关系或同盟关系？

由访谈了解上一代的脉络

　　如果不清楚家庭上一代的关系脉络，可由访谈父、母和重要亲戚获得。离婚后的雅芳回到原生家庭，试图画出自己的家族图。在绘制过程中，雅芳需要访谈原生家庭成员，每个家庭访问的问题或许略有差异，但有许多共同点。以雅芳访谈父亲为例，访问他的问题可以包括：

　　祖父是如何与祖母认识进而结婚的？他们一共生了几个孩子？他们离婚的原因是什么？祖父又如何与你的继母认识？他们一共生了几个孩子？你排行第几？

　　祖父对你而言，是怎样的父亲？你和继母的关系如何？在你的弟、妹当中，你和谁的关系比较好？和谁的关系比较差？

　　你和你的前妻又是怎么认识的？你会如何描述她的个性？你们一共有几个小孩？每个小孩和你的关系如何？

　　你和母亲是如何认识的？她何时知道了你的婚姻状况？你会如何描述她的个性？她的父母如何看待你们的关系？

访谈时，谨记受访者陈述的是他的主观诠释，必须尽量根据客观事实并参考不同受访者的观点，以了解概况，尽可能避免依据单方的主观诠释去分析家庭互动模式。

在绘制家族图的过程中，雅芳发现自己对原生家庭既熟悉又陌生，询问父母上一代的关系，遇到不愿启齿的议题，父母经常以转移话题，或是以"忘记"来敷衍了事。家族图中的许多"问号"，她过去不闻不问，现在看来也是家中的禁忌。许多家庭成员不想面对的话题，有可能对成员的自我成长有深远影响。

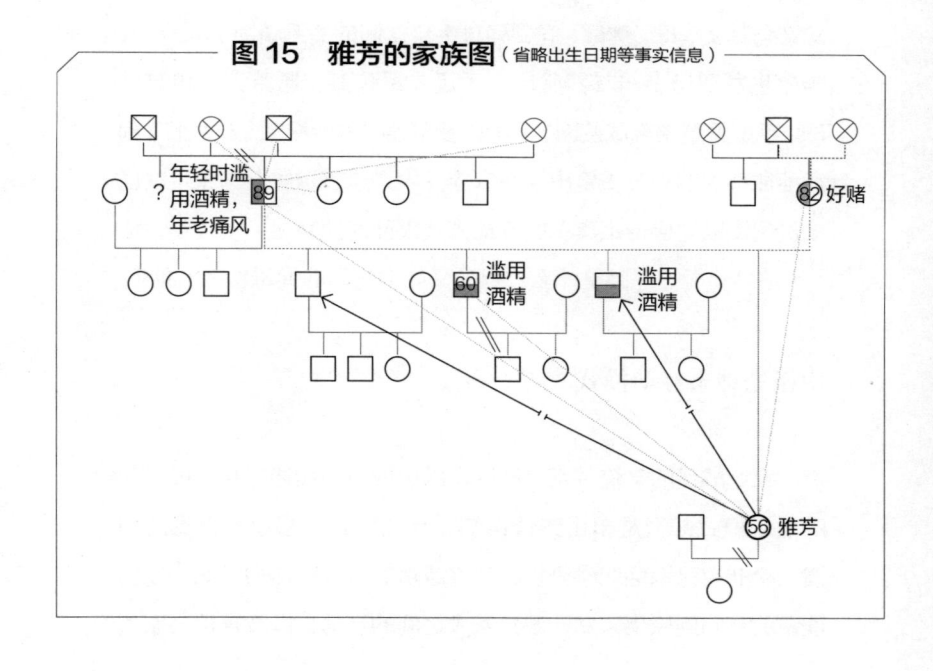

图15　雅芳的家族图（省略出生日期等事实信息）

即使无法画出完整的家族图，个人仍然可以试着依据家庭成员的组成、手足顺序以及特殊家庭状况，提出一些假设，并根据这些假设搜集更多信息。

探讨手足角色时，以雅芳的父亲为例，他身为长子，但在原生家庭是"前妻的儿子"，因此他可能没有一般长子的特质，他与他的父亲或继母，或与其他同父异母的手足关系可能比较特殊。根据这些假设，雅芳可以进一步询问父亲与其原生家庭成员的相处经验："你多大时离家？""你的父亲对你离家有什么反应？""你的继母比较偏袒弟、妹吗？"由这些探询，雅芳发现父亲与其父、母、继母、同父异母手足之间的关系疏离。同样地，雅芳也发现母亲与其养父母、手足关系疏离。雅芳自己也与父母、手足关系疏离或截断。疏离（少联络、避免接触）与截断（刻意不往来）的关系重复出现在家族图中，这表示雅芳的原生家庭成员习惯以"保持距离"的互动方式来面对冲突。

由相处观察互动模式

家庭成员的亲疏关系，或许可以由成员的描述得知，成员间的互动模式却很难单由访谈得知。互动模式大都是不自觉的习惯，除非有意识地观察分析，家庭成员通常没有能力觉知。我们能做的是回到原生家庭，观察家人之间的互动，以及直接与家人一对一互动。

雅芳回到家，父亲在寒暄过后便开始聊其他家人：母亲赌博毫不节制；或抱怨大儿子升迁靠他的关系，现在却不知感恩图报；或二儿子没工作，安排他去做资源回收也不肯做；或自己生病时，小儿子不开车送他去医院，要他搭出租车去……

雅芳抽离情绪，重新看待这样的互动：父亲习惯性地把她纳入三角关系。而她过去就是跳进三角关系中，想插手"矫正错误"或"主持正义"。母亲的行为也与父亲相同，不停地向她抱怨其他家庭成员的"罪行"。听着这些"诉状"，雅芳试着感觉自己的情绪，有本能的厌烦、想逃，对父母的心疼、担心，继之而起的则是对被指控者的气恼，以及无法解决家庭问题的无力感。

观察至此，不难发现雅芳为何极度不愿回家，并尽可能与父、母、手足"保持距离"，雅芳的行为其实也是不自觉的反应。

重大家庭事件

家族图可以具象化地呈现家庭成员的组成、关系，以及成员的身心症状。家庭重大事件时间表则能呈现家庭事件发生的顺序，能帮助我们发现事件的连锁反应。

由雅芳绘制的家庭重要事件时间表，可以看出金钱纠纷是雅芳与原生家庭手足疏离或截断的导火线。但为何会有金钱纠纷？

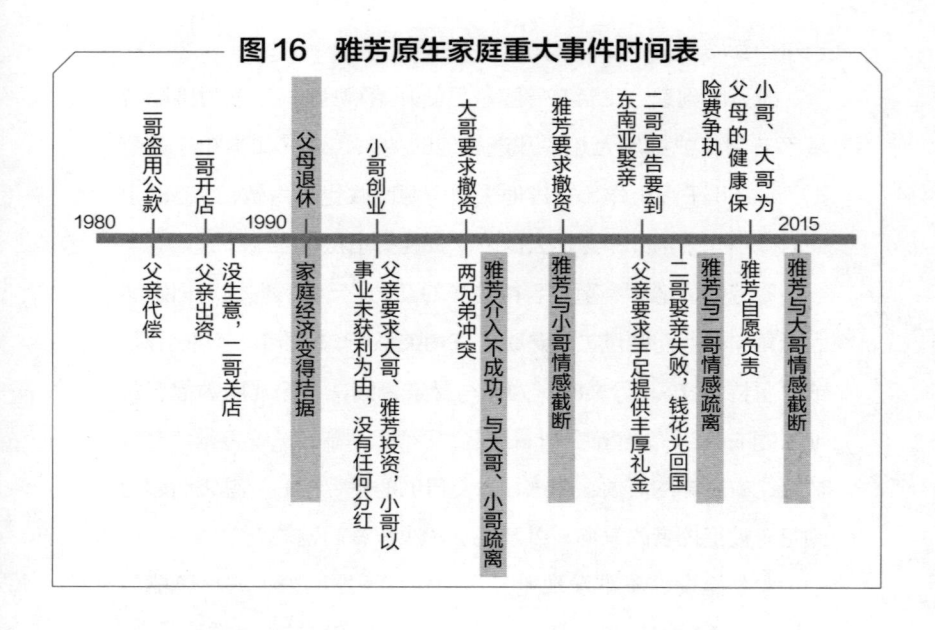

图16　雅芳原生家庭重大事件时间表

时间	事件	结果
1980	二哥盗用公款	父亲代偿
	二哥开店	父亲出资
1990		没生意，二哥关店
	父母退休	家庭经济变得拮据
	小哥创业	父亲要求大哥、雅芳投资，事业未获利为由，没有任何分红
	大哥要求撤资	两兄弟冲突
	雅芳要求撤资	雅芳介入不成功，与大哥、小哥疏离
		雅芳与小哥情感截断
	二哥宣告要到东南亚娶亲	父亲要求手足提供丰厚礼金
		二哥娶亲失败，钱花光回国
	小哥、大哥为父母的健康保险费争执	雅芳自愿负责
		雅芳与二哥情感疏离
2015		雅芳与大哥情感截断

由时间表看见的连串反应是：某个孩子需要资金，于是雅芳的父亲（退休前）提供资金，或要求其他孩子投资或协助（退休后），接着是被资助者没有达成目标（如创业失败，或无法支付投资者利润，或没有完成原先资助目的），然后有手足要求撤资的冲突或对手足失望，最后的结果是手足疏离或情感截断。

对雅芳的父亲而言，整个家族是一个大系统，各自成家的孩子有自己的次系统，他会干预这些次系统的运作。无论是雅芳的父亲自己资助孩子或要求子女资助手足，都是模糊或跨越次系统界限的做法。这些做法加上雅芳父亲把问题三角化的习惯，长子和三子冲突后疏离，雅芳则是对兄长的"不成才"失望，与他进行切割，与其他次系统保持距离，这是次系统被长辈强迫融合后的反弹。

雅芳面对父亲把问题三角化的互动习惯，可以有以下选择：第一，积极参与三角关系（指责或协助其他成员）；第二，忍让，默默接受三角化的要求（听父亲指示，不情愿地介入或协助）；第三，直接拒绝父亲，面对与父亲的冲突；第四，与父亲保持距离，远离是非；第五，情绪中立地界定自己的立场。雅芳曾短暂尝试过前三项的回应方式，最后停留在自小耳濡目染的互动习惯四上。第一种至第四种都是受情绪支配的反应，是自我分化不够成熟的特征。这是雅芳在原生家庭中没做好的功课。回到原生家庭，看懂家庭互动模式后，面对熟悉、重复出现的课题，雅芳可以练习以情绪中立的态度回应父亲的抱怨与要求。

从绘制家族图及对父亲的访谈中，雅芳发现，她的祖父也是这样介入孩子们的生活，父亲终究也与他的手足疏离。原来自己与原生家庭的情绪疏离与截断，只不过是整个家族互动惯性在她这一世代的重演，而这样的惯性可以溯及上一代。下一代不自觉地复制上一代的互动模式，是鲍文所说的跨代传递。看懂之后，雅芳对父亲的行为多了些谅解。

绘制家族图，访谈上一代，绘制重要事件时间表，回家与父母、手足直接互动，然后应用鲍文理论去分析家庭互动模式，有助于我们了解自己习以为常的惯性回应，进而拟订新的计划。

自我检视

- 试着绘制你自己的家族图与家庭重要事件时间表。

- 请描述跨代重复出现的互动模式。

20 修复家庭关系

无论现在的家庭关系如何，改善是可能的，而且最好是从自己开始。

家庭系统理论是咨询理论，也是指引个人自我成长的理论。这个理论其中的一项重要价值，是让我们看见修复家庭关系的契机，在关系中制造出来的问题，可以在关系中修复。一旦有能力以不委屈自己的方式与家人和谐相处，自然也可以应用相同的道理，改善职场和朋友圈等其他场域的人际关系，成为更好的自己。

鲍文建议我们通过再次尝试与家人建立理想关系，达到提升自我分化的目标。因此，借由家族图以及重要事件时间表了解原生家庭的互动模式之后，接着就是拟定修复关系的行动步骤，在与家人应对的过程中寻找更成熟的互动方式。归纳相关书籍文献，笔者整理出四个行动步骤：第一，修正心态，确立目标；第二,觉察情绪,认识自己;第三,情绪中立,思考选项;第四,实践练习,坚持不懈。

修正心态,确立目标

虽然关系中的人际互动总是有来有往而相互影响,但决心修复家庭关系时,请谨记:个人有机会改变的对象只有自己,目标是成为更好的自己。

修复关系是重拾自己的责任,再次重做自己没有做好的功课。家人可能因为我们的作为而改变,但那只是提升自我分化的附加好处。与家人互动,首要原则是把心思放在自己可以有所作

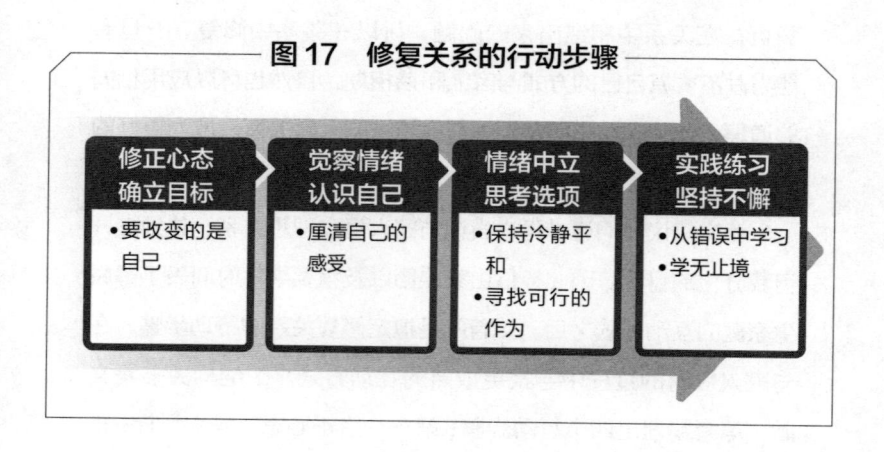

图17 修复关系的行动步骤

修正心态 确立目标	觉察情绪 认识自己	情绪中立 思考选项	实践练习 坚持不懈
• 要改变的是自己	• 厘清自己的感受	• 保持冷静平和 • 寻找可行的作为	• 从错误中学习 • 学无止境

为之处，包括：觉察自己的情绪，辨识情绪从何而来，思考可以有的回应选项，试验不同作为并观察成效，怀抱只要练习终将有所进步的信心。

如果以期待家人改变为目标，急着告诉家人"问题在哪里，应该如何相处……"，不断对家人提出"忠告"，或期待家人"如果在乎我，就该为我改变"，计较着"为什么改变总是要由自己开始"，或是对家人诉说过去自己遭受的委屈，都是将修复关系的责任推给对方。如果怀有这样的心态，就容易再度陷入相互指责的恶性循环。

觉察情绪，认识自己

在互动中练习精确地觉察自己的感受，更深刻地认识自己。

与家人互动产生负面情绪时，先想办法暂停任何惯性回应。深呼吸，然后像电影中的慢动作，查看自己内心深处的感受。仔细觉察自己的情绪：是气愤？委屈？悲痛？不耐烦？尽可能精确地辨识。如果对方不让自己有喘息机会，可以平和地告知"我需要冷静一下"，然后从容不迫地暂时离开现场。接下来，请思考：对方说了什么、做了什么，因而触动自己这样的感觉？类似的场景以前经历过吗？这种情况经常重复发生吗？自己的情绪反应是否出现一种固定模式？

向内观看的练习不但有益于认识自我，本身也有镇定抚平情绪的效果。当一个人开始认真觉察自己的感觉，思索触发这种感觉的缘由时，理性生发，大脑中的理智系统活化，接掌原先可能已被情绪系统劫持的大脑运作。觉察自己的感觉时，无须否定负面感受，如嫉妒、怨恨、羞愧、失望、厌烦等，唯有接纳它，才有机会厘清背后的脉络。

情绪中立，思考选项

觉察、接纳自己的感觉，不代表后续的行为反应可以被情绪主宰。有意识地处理自己的感觉，才能以深思熟虑的方式回应。觉察自己的感受后，给自己一点时间，冷静处理这些感觉，为自己的行为反应负责。有意识处理感觉的方式很多，重新审视问题是一个好方法。如果家人冒犯自己，觉察自己的感受后，可以思索对方行为背后的脉络，是误解，还是无心？视家人的冒犯为无心之举，反映的是家人内心的焦虑，就可以平心静气地认定家人在焦虑状态的言语、行为只是家人的情绪垃圾，自己不需要随之起舞，没必要成为他人宣泄情绪的受害者。

互动时冷静深思，先抑制自己过去习惯性的冲动反应，把精力用在思考"现在能做什么，哪些是自己可以掌控的"。努力寻找有建设性的言语和行为反应，不自我批判，也不责备他人。清楚表达自己的立场和想法，但不强迫他人接受自己的想法。思考过后的行动比感情用事的反应，更能改善互动关系。提升自我分化，就是不断练习觉察情绪的历程，扩充可行的行动选项。

实践练习，坚持不懈

回家与家人相处，尝试与过去不同的反应后，关系未必能立刻改善。认定"自己已经尽最大努力"或"这段关系永无改善之日"，都是有碍自我成长的迷思。事实上，与他人互动，永远可以掌握自己可以控制的部分，让事情有所转变。如果自己尝试的作为没有获得预期反应，那就从错误中学习，下回尝试不同做法，而不要因失败停下脚步。

"学习"是人生不间断的功课，敞开心胸寻找新的做法、阅读书籍、聆听建议，告诫自己不要重蹈覆辙，从失败中获取教训，从成功中吸取经验。一旦成功经验累积到一定程度，你也就能越来越相信自己的判断。当自己确实能提升自我分化时，剩下的就是耐心等待，家庭关系需要时间去适应改变，请让家人以他们自己的步调逐渐提升。

以雅芳为例，面对父亲无止境的抱怨，她觉察自己内心的感受，发现自己有许多的无奈与不舍，其中最让自己心痛的是无力感："无法让母亲不赌博""无法让哥哥们争气一点，不再让父母担心",也是这种自认没有能力帮助这个家庭改变现状的痛苦,让她选择保持距离。以往没做好这项功课,日后雅芳建立自己的家庭,一与先生发生冲突,面对相似的无力感,她便下意识继续采用过去无效的惯性作为。

回到原生家庭,再次面对过去没做好的课题,雅芳思索要怎么做才能保持情绪中立,去三角化。过去雅芳曾经直接介入,劝告母亲不要再赌博,劝说父亲儿孙自有儿孙福,不要再为孩子们担心,或为了让父母宽心,直接提供金钱资助,最终却不堪负荷,逃离原生家庭。现在的首要之务,是检视前车之鉴,寻找新方法。

雅芳尝试的其中一个方法是"重新审视问题"。对于父亲的抱怨,她尝试不再从"父亲就是这样的人"的角度来看,不再把"抱怨"视为父亲的个人"特质",不再认为父亲"意图"把自己三角化。她重新正视"抱怨"是父亲面对焦虑的反应,是父亲在倾倒情绪垃圾,自己没必要承接这样的情绪,并因此痛苦。

冷静之后,接下来她思索的是,如何以"不自我批判,不责备他人"的方式表达自己的想法。

雅芳想象父亲的焦虑,试着理解他的心情。

看着年迈的父亲,她问:"您今年多少岁了?"

父亲诧异地面对似乎与谈话主题无关的发问:"虚岁八十九喽!你不知道我那么老?"

她再问:"那二哥多少岁了?"

父亲停下来算算，似乎没想过这个问题："应该六十好几了吧！"

雅芳想象自己对女儿的关心，或许也会持续一辈子。雅芳感恩地回应父亲："您辛苦了！都要九十岁了，还在为六十多岁的孩子操心。"

只见父亲静默片刻，若有所思。雅芳也停顿下来，让父亲有时间消化讯息，才说出自己的想法："我真希望您能享清福，快乐过活。"就这么结束话题，没有劝告、没有介入，只是以提问协助父亲思考现况，然后表达自己对父亲的关心。

这样的回应能不能改变雅芳的父亲，没人能确定。但对雅芳而言，愿意尝试新作为，思考其他选项，重新审视问题，让她能平心静气地面对父亲的焦虑，设定自己的情绪界限。雅芳愿意自我改变的努力，已经让她往提升自我分化的方向前进。

下一次回家时，雅芳离去前，照往例奉上侍亲费，父母推辞拒收，"不想让你回来总是拿钱给我们，可以纯粹只是回家看我们就好"。回程途中，雅芳重新检视这次的相聚，惊觉父母竟然没有对她"诉苦"。或许父母并没有期待雅芳把家庭问题往肩上扛，"回家"可以单纯地只是因为"想念"。

自我检视

回想上一次与家人的冲突。

- 请描述互动过程。

- 请尽可能精确描述你的感觉。

- 描述当时你如何处理这样的情绪,以及后续的行为是什么。

- 如果重来一次,你可以如何处理这样的感觉?如何回应对方?

〈结语〉

爱的极致表现

当一个人受困于家庭关系当中,为关系所苦,追根究底,是他还不够认识自己,无法觉察、管理自己的情绪,无法在与家人相处时设立适当的界限,因而不是自己成为家人的负担,就是让家人成为自己的束缚。这样的人,也就是鲍文所称的自我分化低的人。

为关系所苦的人,不是把生命用来了解自己的特质,接纳不完美的自己,努力经营自己,把自己的特点用对地方,以发挥最大潜能,而是把心思放在他人身上。幼时渴望父母和手足的关爱与亲近,长大后则期待伴侣和孩子的爱、认可与依附。不务实地认定"爱我就该懂我,让着我,配合我",期待落空就情绪性地责备、控诉、哭闹,又或者是情绪性地以拒绝、怒斥回应家人的期待。

爱变成了束缚。

伴侣间的问题在有了下一代之后，经常牵扯孩子形成三角关系。伴侣一方或双方把自己对爱的渴求转移到孩子身上，期待以亲子之爱弥补自己的空虚，或期待借由对孩子的关爱找到双方能并肩作战的话题。这样的关爱，让父母与孩子的情绪相互纠结。爱变成孩子的负担，孩子背着沉重的包袱，无法高飞。

这种由情绪主导的爱终将带来伤害，成为难以承受的关系。鲍文不谈爱而谈关系，就是希望我们在追寻舒适、自在的理想关系时，把焦点放在如何与对方互动，能理性与感性兼容并具。

自我分化程度高的人会如何表现"爱"？

以鲍文的理论而言，努力成为最好的自己，就是爱的极致表现。不同于一般人把爱定义为给予、奉献、同理等关注在对方身上的词语，鲍文要我们把眼光转回来聚焦在自己身上。当一个人与父母、伴侣、手足、孩子互动时，愿意承担自己应尽的责任、觉察自己的情绪、保持情绪中立、致力于寻找合宜的回应方式，并保持持续学习的开放胸襟，对方自然能感觉到被爱与被尊重。

即使目前的关系并不理想，只要关系中有一个人愿意主动开始成为更好的自己，修复关系就必然指日可待。

本书的完成要感谢黄靖卉总编辑，当我们认定完成本书是一项重要的工作之后，她陪我一路走来，看稿、给建议、联络大小事，用她的专业支持本书完成。江文贤博士是鲍文理论方面的权威学者，愿意审定本书，过程中的对话让我受益良多。我的家人，尤其是女儿曾敏，持续阅读本书草稿给我反馈，并帮忙画封面的图，让我备感温暖。

在撰写本书的过程中，我除了尽可能地阅读鲍文理论方面的相关著作，谨慎诠释文献资料，也不断在生活中试验、实践情绪中立的互动，与家人的关系也获得大小不等的改善。

学无止境。成为更好的自己是一生的功课。与翻阅此书的你，共勉之。

主要参考文献：

1. Murray Bowen, *Family Therapy in Clinical Practice,* New York: Jason Aronson, Inc. , 1978.

2. Michael E. Kerr, Murray Bowen, *Family Evaluation: An Approach Based on Bowen Theory,* New York:W.W. Norton & Company, 1988.

3. ［美］罗具塔·吉尔伯特医师：《解决关系焦虑：Bowen 家庭系统理论的理想关系蓝图》，江文贤、田育慈译，台北：张老师文化，2016 年版。

4. ［美］莫妮卡·麦戈德里克，蓝迪·格尔森，苏莉·派崔：《家庭评估与会谈技巧》，基督徒救世会译，杨东蓉审订，台北：启示出版社，2012 年版。

5. ［美］麦克·尼可博士：《家族治疗》，刘琼瑛译，台北：洪叶文化事业有限公司，2011 年版。